内蒙古自治区社会科学基金后期资助项目

陶艺之光

红山文化考古发现与研究一百年丛书

● 李明华等／著

内蒙古人民出版社

图书在版编目（CIP）数据

陶艺之光 / 李明华等著 . -- 呼和浩特：内蒙古人民出版社，2024.9
（红山文化考古发现与研究一百年丛书）
ISBN 978-7-204-17079-1

Ⅰ . ①陶… Ⅱ . ①李… Ⅲ . ①红山文化－彩陶－陶器（考古）
Ⅳ . ① K876.3

中国版本图书馆 CIP 数据核字（2022）第 001708 号

陶艺之光

本册作者	李明华等	
策划编辑	王　静	
责任编辑	白　阳	
封面设计	刘那日苏	
出版发行	内蒙古人民出版社	
地　　址	呼和浩特市新城区中山东路 8 号波士名人国际 B 座 5 楼	
网　　址	http：//www.impph.cn	
印　　刷	内蒙古恩科赛美好印刷有限公司	
开　　本	710mm×1000mm　1/16	
印　　张	10.25	
字　　数	200 千	
版　　次	2024 年 9 月第 1 版	
印　　次	2024 年 9 月第 1 次印刷	
书　　号	ISBN 978-7-204-17079-1	
定　　价	36.00 元	

如发现印装质量问题，请与我社联系。

联系电话：（0471）3946120

丛书编委会

主　　编：孙永刚

副 主 编：马海玉

编　　委：李明华　任君宇　乌　兰

　　　　　刘江涛　刘　颖　常经宇

　　　　　林　杨　周午昱　张　颖

　　　　　李丹阳

总　序

　　2021 年是红山文化发现 100 周年，也是中国现代考古学诞生 100 周年。1921 年 6 月，瑞典地质学家安特生等赴奉天省锦西县（今辽宁省葫芦岛市）一带勘查煤矿时，发现了位于辽西地区的沙锅屯遗址。他们对该遗址进行了发掘和测绘，意识到这可能是一处新石器时代遗址。遗址出土的贝环和红地黑彩的彩陶片与河南仰韶村出土的遗物颇为相似。后来的考古发现和研究表明，沙锅屯遗址发掘的新石器时代遗存至少属于两种考古学文化，即红山文化和小河沿文化。沙锅屯遗址被认为是中国近代田野考古史上第一次正式发掘的遗址，它的发掘在中国考古史上具有重要意义，为研究红山文化和中华文明起源提供了宝贵的学术资料。

　　自沙锅屯遗址发掘以来，红山文化研究已经走过了 100 年的历程。在这 100 年中，无数考古学者为红山文化研究呕心沥血，取得了丰硕的成果。1906—1908 年，日本人鸟居龙藏多次深入内蒙古东南部和热河地区（包括今河北省、辽宁省、内蒙古自治区部分地区）进行考察，对赤峰英金河畔的几处新石器时代文化遗址进行了调查，并于 1914 年发表了《东蒙的原始居民》一文，首次向学术界揭示了西拉木伦河流域史前文化遗存的存在。1930 年，我国著名考古学家梁思永在完成黑龙江昂昂溪遗址的发掘后，对英金河两岸和红山后进行了考古调查，并撰写了考古报告《热河查不干庙林西双井赤峰等处所采集之新石器时代石器与陶片》。1935年5月，日本东亚考古学会滨田耕作、水野清一等人对赤峰红山后的第一、第二住地址进行了发掘，并于1938年出版了发掘报告《赤峰红山后》，提出了"赤峰第一期文化"和"赤峰第二期文化"的概念，向世界宣布了赤峰红山后新石器时代人类遗存的重要发现。20世纪40年代，裴文中先生提出，红山后是北方草原细石器文化与中原仰韶文化在长城地带接触而形成的"混合文化"。1954年，中国著名考古学家尹达在编写《中国新石器时代》一书时，根据梁思永先生的意见，对这一文化进行了专门论述，并正式将其命名为"红山文化"。1956年，裴文中先生和吕遵谔先生带领学生对红山文化遗存进行了调查和试掘，获得了大量重要的实物标本，并对《赤峰红山后》中的一些错误结论进行了更正。20世纪80年代以后，红山文化研究取得了突破性进展，苏秉琦、杨虎、刘观民、张忠培、严文明等考古学家对红山文化研究给予了高度重视。内蒙古文物考古研究所、中国社会科学院考古研究所内蒙古工作队、吉林大学考古学系、赤峰学院等机构在内蒙古和辽宁地区开展了一系列红山文化考古发掘和研究工作，推动了红山文化研究的国际交流与合作，使红山文化研究走向了世界。

近30年来，赤峰学院在红山文化研究领域取得了显著成就。一是成功举办了3次国际学术研讨会和12次高峰论坛，有效提升了红山文化的国内外影响力。具体而言，1993年、1998年和2004年，在赤峰市举办了3届中国北方古代文化国际学术研讨会。2006—2017年，连续12年举办红山文化高峰论坛。二是出版了10部会议论文集，包括3部《中国北方古代文化国际学术研讨会论文集》、2部《红山文化高峰论坛专辑》和5部《红山文化高峰论坛论文集》。三是创办《红山文化研究》专辑，至今已连续出版 8 部。四是出版了多部专著、译著，包括《红山文化与辽河文明》《西辽河流域早期青铜文明》《古代西辽河流域的游牧文化》《红山文化概论》《红山玉器》《西辽河流域史前陶器图录》《西辽河流域考古时代自然与文明关系研究》《西辽河上游考古地理学研究》《辽西地区新石器时代植物考古研究》《红山古国研究》《赤峰红山后：热河省赤峰红山后史前遗迹》（中译本）等。此外，赤峰学院研究人员在红山文化研究领域发表了100余篇学术论文，充分展示了红山文化研究成果。2019 年以来，赤峰学院先后获批内蒙古红山文化研究基地、内蒙古红山文化与中华早期文明研究协同创新中心、内蒙古红山文化与中华民族共同体研究基地。目前，赤峰学院在红山文化研究领域已形成了鲜明的特色，成为赤峰市文化研究的一面旗帜。

值此红山文化发现 100 年之际，赤峰学院编写了"红山文化考古发现与研究一百年丛书"，旨在系统总结红山文化考古发现与学术研究成果，进一步深化对中华文明起源和发展的认识。新时代，继续对红山文化遗址进行保护与研究，不仅是深入挖掘与弘扬中华优秀传统文化的重要实践，而且对增强文化自信具有重要意义。红山文化所蕴含的中华文明的核心基因，深刻展现了中华文化的连续性、创新性、统一性、包容性、和平性，是全人类共同的精神财富。因此，挖掘、整理、研究、保护和传播红山文化不仅是我们的责任，也是我们应尽的义务。

"红山文化考古发现与研究一百年丛书"编写组

2021 年 12 月

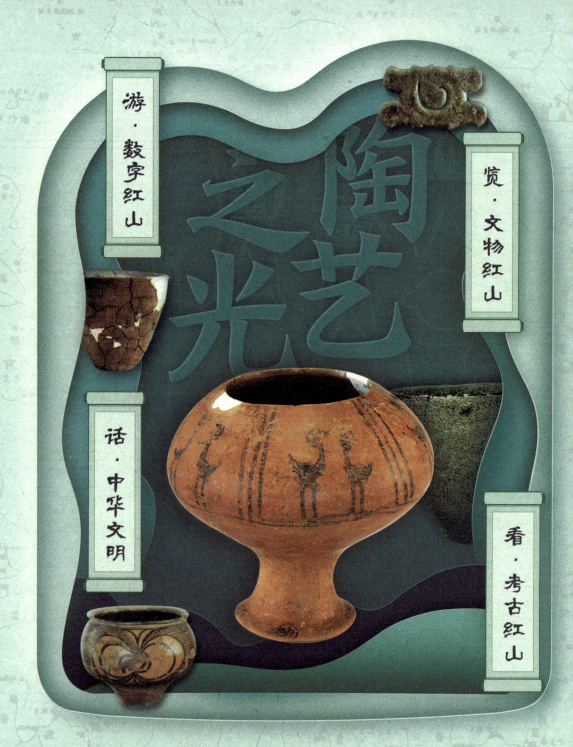

游·数字红山

览·文物红山

话·中华文明

看·考古红山

陶艺之光

码上解密红山文化
探寻文明起源

目录

引　言

　　如果说什么器物能代表一个遗址或者一个考古学文化，那一定是陶器，这种形状、纹饰多样的器物，在历史的长河中，诠释着一个又一个的考古学文化。

　　红山文化——辽西地区最主要的新石器时代考古学文化之一，从安特生发掘辽宁锦西沙锅屯遗址开始，红山文化的研究已经走过了百年的历程，到赤峰红山后遗址被发掘，再到牛河梁遗址红山文化的坛、庙、冢的发现，这些重要的发现，使得红山文化的文化性质逐渐变得清晰起来。

　　红山文化作为辽西地区史前文化遗址数量最为丰富的考古学文化，一直吸引着众多考古学者对其进行探索。考古学者们对大量的遗址和丰富的陶器进行了多样化的分析，让5000多年前的红山文化呈现在大众面前。可以说，红山文化孕育了精美的陶器，而精美的陶器阐释了红山文化的内涵。让我们走进红山文化，走进红山陶器。

第一章　陶器初现

　　1935 年首次在我国内蒙古赤峰市红山后发现了新类型的遗址，红山文化因此而得名，这是我国北方地区新石器时代的重要考古学文化之一。红山文化主要分布区域包括内蒙古的东南部、辽宁省西部和河北省的北部地区，是我国早期农耕文化的一个重要组成部分。红山文化于 1955 年被正式命名，其年代约为距今6500—6000 年。辽西地区在新石器时代中期的兴隆洼文化衰落之后，在这片区域的南部出现了赵宝沟文化，分布于西拉木伦河以北地区的是富河文化；随后，红山文化出现并繁荣于西辽河流域，这里的文明发展进程随即进入了关键阶段。红山文化在其形成与发展的过程中，不仅继承了本地区兴隆洼文化和赵宝沟文化中的优秀文化因素，也吸收了中原及东北地区诸多原始文化的因素，使得红山文化的整体面貌融合了各文化的因素，逐渐发展成为东北地区最有影响力的史前考古学文化，并逐渐将影响范围向整个辽西地区发展，这三种考古学文化都属兴隆洼文化在本地区的继续与发展演化。从遗存的发掘情况来看，红山文化曾经与赵宝沟文化和富河文化在很多地区呈现交错并存的局面，在赵宝沟文化全面衰落之后，红山文化开始在本区域取得支配地位，并将影响扩展到周围的广大地区。

一、辽宁葫芦岛沙锅屯遗址

1921 年的盛夏，奉天锦西县（今辽宁省葫芦岛市）来了一群神秘的客人，带领这支考察队的是著名的地质学家、考古学家瑞典人约翰·古纳·安特生（Johan Gunnar Andersson, 1984—1960）以及他的助手白万玉，他作为当时北洋政府矿政顾问，奉当时北洋政府农商部之命，来到辽宁锦西县进行地质和矿产资源方面的调查工作。作为地质学家的安特生在勘察矿产资源的同时，也会对古文化的遗址、遗迹进行调查。在对锦西沙锅屯进行调查时，安特生和他的助手在附近惊喜地发现了一处洞穴，安特生决定对这处遗址进行系统的调查和发掘[1]。由于安特生还有本职工作要做，便让白万玉留在此处进行简单的发掘，待安特生工作结束后，回到沙锅屯，此时白万玉已经发现了许多人骨。安特生在对人骨进行观察后，认为这是一处非常重要的古文化遗址，便决定对此处进行系统的发掘。

安特生作为地质学家，在进行发掘时，是非常重视地层关系的（即地层之间的叠压打破关系）。虽然安特生在划分地层时并没有运用如今在考古学中作为方法论的考古地层学，而是依据地质学的地层学来划分地层。在安特生所划分的层位中的第一与第三层中，共出土了四枚黑色花纹彩陶片（图 1.1），除此之外，还出土了大量装饰有席纹、刻画纹的陶片，但是受制于安特生当时的认知，他并没有认识到这些陶片的文化性质。安特生凭借着高超的专业素养，将沙锅屯遗址发掘的遗物和遗物的分布进行了客观的记录。

1　陈星灿：《中国史前考古学史研究 1895—1949》，三联书店，1993 年。

图 1.1　沙锅屯遗址出土红山文化陶片 [1]

正如陈星灿先生在《中国史前考古学史研究 1895—1949》中所说的，安特生于 1921 在中国的考古发掘工作开启了中国史前考古以及中国近代田野考古学，而其中最重要的就是在沙锅屯所做的工作。因此，1921 年不仅是中国现代考古学的元年，也是红山文化被发现的元年。

二、内蒙古赤峰红山后遗址

众所周知，赤峰因红山而得名，而红山文化因在红山的北侧发现的史前遗址而得名。如果说，安特生对锦西沙锅屯遗址的发掘是红山文化的肇始，那么，滨田耕作对红山后遗址的发掘，使得红山文化开始真正被人们所认识并且关注。

滨田耕作和水野清一对位于赤峰红山后的遗址进行了大面积的调查，并且对红山后遗址的第一、第二地点进行了系统的发掘。1938 年，发掘工作进行了三年之后，编发了报告《赤峰红山后——

1　安特生（J. G. Andersson）著，袁复礼译：《奉天锦西县沙锅屯洞穴层》，《农商部地质调查所》，1923 年第 4 期。

热河省赤峰红山后史前遗迹》，滨田耕作分析了遗址中所发现的陶器等遗物，同时把第二住地和第一住地分别命名为"赤峰一期文化"和"赤峰二期文化"。其中的"赤峰一期文化"出土的遗物中石器数量最多，也发现了为数众多的彩陶，没有金属器物，因此滨田耕作将其归为新石器时代的文化。第二住地即是一处文化性质较为单纯的红山文化聚落遗址。

红山后遗址第二住地出土的彩陶大致分为两种，一种是红色泥质陶，另一种是黑褐色夹砂陶。红色泥质陶以钵类和壶类为主，部分附有彩绘，以勾连涡纹和龙鳞纹为主，而黑褐色夹砂陶，主要是钵和瓮类器物，部分器物的表面有之字纹。

1955 年，尹达先生在其著作《新石器时代》中，根据裴文中先生的建议，正式提出对"红山文化"的命名。尹达先生强调：如果对红山文化的特征做深入研究，根据其中所显示的线索，沿长城附近的南北地区进行系统的考古调查和有针对性的重点发掘工作，对研究南北地区文化生活的交流互动问题，以及研究古代中国的历史，能够提供极其重要而丰富的历史资料，这个问题应当引起中国考古工作者的密切注意。[1]第二年，裴文中和吕遵谔两位先生带领北京大学历史系考古专业三年级的学生们对赤峰红山后地区进行了再次调查[2]，获得了一批宝贵材料，发现了属于红山文化的之字纹陶片。考古工作者在报告中第一次运用到"红山文化"这一文化名称。

1　尹达：《新石器时代》，三联书店，1956 年。

2　吕遵谔：《内蒙赤峰红山考古调查报告》，《考古学报》，1958 年第 3 期。

三、内蒙古赤峰西水泉遗址

在赤峰市的周边密布着多条河流，有老哈河及其支流羊肠子河、阴河、昭苏河、半支箭河、西路嘎河等河流环绕其外。丰沛的河水养育了生活在这片土地上的人民，使得这里诞生了众多的古代文明。为了研究古人留下来的丰富文化遗存，在20世纪60年代初，以刘观民先生为首的中国社会科学院考古研究所内蒙古工作队对赤峰地区开展了大量考古调查，并在1963年对位于阴河和昭苏河河口交界处的西水泉遗址进行了大规模的发掘。

阴河与昭苏河自西北来，均注入英金河。西水泉村的位置在昭苏河西岸，这里是一处山岗地带，南距赤峰市约9千米。遗址位于村西山岗的东侧坡上，高出河面约15—30米。[1] 在西水泉遗址，考古工作人员发现了大量不同时期的遗迹遗物，而在这批遗迹遗物当中，红山文化的遗迹遗物居于主要地位。

在西水泉遗址发现的陶器主要是泥质陶和夹砂陶，其中泥质陶占据多数，据发掘者统计，泥质陶可以占到出土陶器总量的54％。这批泥质陶器的器形规整、质地坚硬、器表光滑、烧制温度较高、陶色均匀一致[2]，可以说得上是史前陶器中的精品。这批陶器主要以素面为主，部分带有装饰，根据发掘者后来的分类，纹饰主要有压印纹、刻画纹、附加堆纹和彩陶四种，其中压印纹中的之字纹最为突出，其次是指甲纹，这两种纹饰可以说是红山

1　刘晋祥、杨国忠：《赤峰西水泉红山文化遗址》，《考古学报》，1982年第2期。

2　刘晋祥、杨国忠：《赤峰西水泉红山文化遗址》，《考古学报》，1982年第2期。

文化的典型纹饰。除此之外，西水泉遗址彩陶同样非常精美，彩陶只见于泥质陶，彩绘有黑、红两色，最为特别的是，每件陶器只用一种颜色彩绘。黑色彩绘图案包括了平行线纹、菱形纹、涡纹、叶状纹等种类；红色的彩绘图案比较简单，主要是由平行线纹组成的鳞形纹和三角纹等。这些彩绘图案主要装饰于钵、罐、瓮的口沿和肩腹部。

西水泉遗址的发掘，扩充了红山文化的研究资料，而其中发现的泥质陶和某些器形和纹饰，说明地处辽西地区的红山文化与地处中原的仰韶文化之间曾经存在着一定的交流关系。

四、内蒙古赤峰蜘蛛山遗址

1963 年，在西水泉遗址发掘的同时，另一个属于红山文化的遗址在徐光冀先生主持的挖掘下，也露出它神秘的面纱。

赤峰不愧是钟灵毓秀之地，阴河与锡伯河在西北汇流成英金河，而英金河的南岸有一座蜘蛛山，一处红山文化遗址便位于这座山岗的北侧。西水泉遗址位于昭苏河与阴河的交界处，蜘蛛山遗址则位于锡伯河与阴河的汇流处，可以说赤峰周围的河流与红山文化是息息相关的。

蜘蛛山遗址是辽西地区一处非常典型的由多种文化层叠压构成的复合型遗址，从地层关系来看，红山文化、夏家店下层文化、夏家店上层文化、战国汉初四种文化由下至上分层堆积，红山文化位于地层的最下方。可以说，在历史的长河中，红山先民是最早到达这里居住的人。

蜘蛛山遗址出土的红山文化遗物是非常单一的，仅有陶片一种，由于可复原陶器较少，仅可辨认钵和罐两种器型。发掘者根据陶质把这些陶片分为泥质红陶、夹砂粗褐陶和泥质灰陶三种。泥质陶的陶土通常经过了淘洗，所以陶色非常均匀而且纯净，烧制时的温度高，使得陶质坚硬，而且表面大多经过了磨光。夹砂陶则与泥质陶不同，夹杂物羼入过多，且烧制温度较低，导致陶质疏松，颜色不纯。[1]

蜘蛛山遗址的发现具有重要的意义，这是赤峰地区第一次发掘四种文化叠压的复合型遗址，明确了赤峰地区这四个考古学文化的早晚关系，代表了赤峰地区从新石器时代至青铜时代，再到早期铁器时代的相对年代序列，也证明了红山文化是早于夏家店下层文化的一种新石器时代文化。

五、辽宁阜新胡头沟墓地

1973年的盛夏烈日炎炎，在辽宁省阜新蒙古族自治县的台吉营子大队胡头沟村的社员们正在农田里劳作着，就在这时，有人在村西南约2千米以外的牤牛河东岸的断崖上，发现了一座被河水冲刷出来的石棺墓，这一发现在小小的山村中引起了不小的震动。同年7月，阜新市文化局和辽宁省博物馆文物队对这处石棺墓进行了发掘，这便是后来著名的胡头沟红山文化玉器墓。胡头沟墓地也同样出土了精美的彩陶，同时也揭开了一个关于红山文化彩陶的谜题。

在胡头沟墓地被发现之前的1972年，辽宁省博物馆文物工作

---

1 徐光冀：《赤峰蜘蛛山遗址的发掘》，《考古学报》，1979年第2期。

队的考古工作者们在辽宁喀左瓦房店就发现了一种彩陶器物[1]，这种彩陶形制如筒，却与辽西地区传统的器物筒形罐不同，这使得考古人员对这种器物用途的判定出现了迟疑，而在胡头沟却发现了相同的彩陶筒形器。胡头沟发现 11 件完整的上饰彩绘的无底筒形器，它们成一排放置于石块砌筑的石圈东部的下面，皆立置。除此之外，石圈的其他地段也都是这种无底筒形器的碎片[2]，可谓壮观！

无底筒形器均为泥质红陶，手制而成，器壁较厚，外壁进行过磨光，内壁也经过了修整，各筒形器的形制基本相同，都为直筒状，厚圆唇，折沿或沿稍卷，中腹外凸，无底，内底缘有一圈切削痕迹。这些无底筒形器的表面均有纹饰，局部绘制有黑彩，纹饰和彩绘均装饰在器物的上半部分，另一半则是素面无纹，中间有竖线将纹饰与素面隔开，口沿下的纹饰以压印的平行条纹带为主，还有斜平行线纹、网格纹和勾连涡纹。黑彩绘制在下半部，图案有勾连涡纹带、垂环形带和平行宽带等。[3]

胡头沟墓地出土的精美玉器和陶器，向我们展示了 5000 多年前红山先民的智慧以及红山文化的葬制葬俗，无底筒形器上的纹饰在红山后、蜘蛛山、西水泉等著名的红山文化遗址中都有过同样的发现，证明了红山文化各个遗址之间的关联性。

1　郭大顺：《红山文化考古记》，辽宁人民出版社，2009 年。
2　方殿春、刘葆华：《辽宁阜新县胡头沟红山文化玉器墓的发现》，《文物》，1984 年第 6 期。
3　方殿春、刘葆华：《辽宁阜新县胡头沟红山文化玉器墓的发现》，《文物》，1984 年第 6 期。

六、辽宁喀左东山嘴遗址

1979 年 5 月，辽宁省在全省内开展了大规模的文物普查工作。文物普查工作人员在喀喇沁左翼蒙古族自治县所在地的大城子镇东南约 4 千米处，也就是大凌河东岸的东山嘴村北部的一处弧形黄土梁上发现了东山嘴遗址。这个遗址占尽地利，东南为奔腾的大凌河，正对着喀左县著名的马架子山和大山山口，四周则是一望无际的平原地带。[1]

东山嘴遗址被发现之后，这里被选为了辽宁省文物干部培训班喀左队的考古实习地点。一直到 1982 年春天，辽宁省博物馆文物队继续对东山嘴遗址进行发掘工作，两次发掘的面积总共有2250 平方米，发掘出土了大量泥质红陶片、彩陶片、之字纹灰褐陶片、泥质黑陶片等多种陶片。陶片占出土文物总数的 90% 左右，但完整器具相对较少。[2]

东山嘴遗址的陶器，陶质主要以泥质红陶为主，占出土陶片总数的 80% 左右，但是多数都是器壁较厚的粗泥陶，细泥陶的数量很少，剩余陶片为夹砂灰褐陶与红褐陶，以及磨光的泥质黑陶和灰陶。器形主要有钵盆类、瓮罐类器物，其次还有杯、圈足盘、瓶形器、器盖和豆等。

东山嘴遗址出土陶器的纹饰，是以压印之字纹为主的红山文化典型纹饰，另外在一种瓶形器上还发现了压印窝点纹，有部分

1　郭大顺、张克举：《辽宁省喀左县东山嘴红山文化建筑群址发掘简报》，《文物》，1984 年第 11 期。

2　郭大顺、张克举：《辽宁省喀左县东山嘴红山文化建筑群址发掘简报》，《文物》，1984 年第 11 期。

夹砂罐的底部印有席纹和叶脉状的划纹。

东山嘴遗址也出土了一定数量的彩陶器，彩陶的陶质主要为泥质红陶，个别为灰陶。纹饰全部为黑彩绘制，不少彩陶为通体彩绘纹饰。纹饰图案较为简单，以直线条组成的各种几何形图案为主，红山文化彩陶中常见的三角形纹、菱形纹、平行线宽带纹均有发现。比较特殊的纹饰是在一种盖式双腹盆上装饰了由多道同心圆条纹和三角勾连纹的组合图案。

东山嘴遗址除了出土有陶质的生活器物，也出土了陶塑人像，在两次的发掘中总共出土了二十余件残块，主要是人的肢体部分，没有发现头部，质地均为泥质红陶，能够辨认出形体的有小型孕妇塑像和大型人物坐像两种。小型孕妇塑像女性特征明显，展现出了女性在红山文化中的特殊地位。大型人物坐像形象简略，但值得注意的是，人像上饰衣物，背部也有疑似泥片贴塑衣物的痕迹。

从东山嘴遗址的发现可以看出西辽河流域，主要是辽宁西部的朝阳及其毗邻地区红山文化的发达以及当时的社会关系日益复杂。

七、辽宁凌源牛河梁遗址

牛河梁遗址地处辽宁省建平县、凌源市、喀喇沁左翼蒙古族自治县交界处，自古以来便是建平县与凌源市之间的交通要道和分界线，也是辽宁省与内蒙古自治区、河北省的交界处，又是华北平原向蒙古高原过渡的地带，同时还是东北平原向内蒙古高原的过渡地带。牛河梁遗址距离北京与沈阳均是400余千米，锦（州）承（德）铁路、京沈公路均从此地通过，可谓是占尽地利的交通要道。

牛河梁这个地名，在遗址发现之前，在地图上并没有标注，翻阅当地的县志与旧地图，也只能找到关于这个山梁的只言片语，如"牛录河梁"[1]"牛儿河樑"[2]等。

1981 年的春天，辽宁省文物局在建平县开展文物普查，郭大顺先生作为项目负责人在为各级文物普查工作人员培训讲课时特别强调，在此次普查中所发现的红山文化遗址和红山文化玉器出土地点是需要重点调查的。[3]

在这次培训的过程中，郭大顺先生得知在富山乡一村民家中有红山文化的玉器，便在培训班结束后，马不停蹄地赶到了距离县城西约 10 千米马家沟村，并在当地村民的指引下前往发现玉器的地点进行调查，没想到这次调查竟然有了重要发现。原来，此处是一个文化性质非常单纯的红山文化时期的遗址。郭大顺先生等一行人在此进行了三天的详尽调查，并且采集到了许多清一色的红山文化泥质红陶片和彩陶，除此之外，还发掘了一处陪葬有玉器的墓葬。这座墓葬成为牛河梁遗址发掘的第一座墓葬，而这处遗址，就是后来被命名的牛河梁遗址第二地点。

在牛河梁发现了大量红山文化陶片和陪葬有玉器的墓葬，使这个名不见经传的山梁的地位一下子变得不一般起来。在 1983 年 7 月底召开了"燕山南北、长城地带考古座谈会"，苏秉琦先生在会议上提出了在喀左、凌源、建平三线交界地带多做工作的指导性意见，而牛河梁成为不二之选[4]。第二年的秋天，考古队正式进

1 建平县志编纂委员会办公室：《建平县志》，1987 年。

2 丁文江、翁文灏、曾世英编：《中华民国新地图》，申报馆。

3 郭大顺：《红山文化考古记》，辽宁人民出版社，2009 年。

4 苏秉琦：《燕山南北地区考古——1983 年 7 月在辽宁朝阳召开的燕山南北、长城地带考古座谈会上的讲话（摘要）》，《文物》，1983 年第 12 期，50-54 页。

驻了牛河梁。经过考古队的详尽调查，确定了此处为红山文化的墓地，而周边也散落分布着数量众多的墓地，除此之外还发现了一处红山文化的庙址，一个又一个的发现证实牛河梁这个地方有着不为人知的过去。

其实早在 1943 年，佟柱臣先生就曾经在牛河梁一带进行过系统调查，并在当时发现了红山文化时期的彩陶，这为后来辽宁省考古研究所对牛河梁遗址的认定提供了直接线索。[1]20 世纪 70 年代，朝阳市博物馆曾在此地发现一处汉代的墩台遗址，于 1987 年进行了试掘，并确认这是一处红山文化的建筑遗址，汉代对此处进行了利用并形成墩台，这就是后来的牛河梁遗址第十三地点（N13）。[2]1979 年 6 月，辽宁省文物普查培训班在凌源县进行调查时，在凌北乡三官甸子大队河下村的西山坡上发现了一处被夏家店下层文化遗迹打破的红山文化遗址。[3]这个遗址同样出土了不少陶片，也出土了无底筒形器，彩陶在所有出土陶片数量中约占 48.3%，这个被命名为城子山的遗址，也就是后来的牛河梁遗址第十六地点（N16）。除了上述地点，考古工作者还围绕着牛河梁第二地点在其周边发现了第一、第三、第四、第五（N1、N3、N4、N5）等地点，这些遗址点的出现使牛河梁遗址群的面貌逐渐浮现出来。

从牛河梁遗址的规模来看，能够出土大量的陶器是必然的。这里有着与东山嘴遗址相近似的祭祀与墓葬的功能属性，牛河梁

1　钱伟长总主编，王巍本卷主编：《20 世纪中国知名科学家学术成就概览·考古学卷（第 1 分册）》，科学出版社，2015 年。

2　辽宁省文物考古研究所编著：《牛河梁 红山文化遗址发掘报告 1983—2003 年度 上》，文物出版社，2012 年。

3　李恭笃：《辽宁凌源县三官甸子城子山遗址试掘报告》，《考古》，1986 年第 6 期。

遗址中必然会出现无底筒形器这种典型的红山文化祭祀物品。大量的无底筒形器在积石冢上被发现，这些陶器排列是有规律的，并紧贴着积石冢石砌台阶的内侧。这些无底筒形器均为泥质红陶，纹饰主要为口沿部饰弦纹，腹部施半面或者三分之二的黑彩。对于这种无底筒形器的作用，学术界也提出了多种说法，有人根据其形状和结构认为这是一种"鼓"类的击打乐器，用于祭祀为亡者奏乐；也有人认为，这是一种和良渚文化玉琮一样的祭祀礼器，根据《周礼·春官·大宗伯》中云："以玉作六器，以礼天地四方，以苍璧礼天，以黄琮礼地，以青圭礼东方，以赤璋礼南方，以白琥礼西方，以玄璜礼北方，皆有牲币，各放其器之色。"所以说，玉琮为一种祭祀大地且有通幽冥、上下贯通作用的礼器，而和玉琮形象相似，出土于积石冢周边，且其上又绘有精美纹饰的无底筒形罐，也就被赋予了和玉琮一样的宗教属性；也有人说这是一种器皿的支架，起到了底座的作用；还有人根据无底筒形罐的造型和其受力结构，认为这种器皿是用来围在积石冢周边来保护积石冢和其石砌台阶不会塌落，即有"护坡"的作用。这种推断并不是没有根据的，考古人员发现，在这些无底筒形罐发现时，搭建积石冢的石块向外散落，而无底筒形罐上部基本破碎，向外散落，而下部虽说有不少都保存完整，但依旧向积石冢外侧倾斜。虽说对于无底筒形罐的作用有诸多推测，其具有祭祀的功能依旧是被学术界大多数学者所认可的。首先，无底筒形罐一般发现于积石冢附近，而积石冢本身就具有浓厚的祭祀功能；其次，无底筒形罐不似其他筒形罐那样是一种实用器，"无底"是其最重要的形制特点，加上底部有特意刮削的痕迹，这就使得无底筒形罐具有了能上下贯通的特殊作用，这与良渚文化"玉琮"的功能有着异曲同工之处。毕竟，对于红山文化这一具有浓厚宗教神秘色彩的史前文化来说，沟通天地是一件十分重要的事情，所以，认为这些在积石冢附近发现的无底筒形罐是一种祭祀工具，是有一定根据的。

牛河梁遗址除了发现了大量精美的无底筒形器之外，还有一种奇怪的"塔"形器，虽然出土数量不多，且可修复的数量较少，但其独特的造型非常引人注目。有的学者根据其器物特征，认为这是一种具有生殖崇拜和祖先崇拜色彩的祭祀用品。[1] 可以说无底筒形器和这种"塔"形器的发现，证明红山文化确实是非常重视敬天法祖的。

牛河梁遗址除了发现多种十分具有特色的陶器之外，根据学界的文化分期观点[2]，还可以对发现的其他陶器进行一个梳理。

在《牛河梁——红山文化遗址发掘报告》中，牛河梁遗址被分为三期。[3]

牛河梁红山文化第一期遗存中，主要发现了平底筒形罐、斜口器、钵、盆等陶器。

第一期发现的平底筒形罐可以根据它们腹壁的不同分为两种，一种为上饰长之字纹敛口折腹的筒形罐，在罐的口沿下装饰了一周附加堆纹或凹弦纹或指甲纹；另一种为上饰短之字纹的斜腹平底筒形罐，这种筒形罐有的口沿下为一周附加堆纹或指甲纹，有

---

1 马海玉：《浅析牛河梁遗址无底塔形器和无底豆形器造型及功能》，《赤峰学院学报（汉文哲学社会科学版）》，2019年第1期，5-9页。

2 辽宁省文物考古研究所编著：《牛河梁 红山文化遗址发掘报告 1983—2003年度 中》，文物出版社，2012年。

3 辽宁省文物考古研究所编著：《牛河梁 红山文化遗址发掘报告 1983—2003年度 中》，文物出版社，2012年。

的直接为之字纹。

斜口器，顾名思义其口沿向下呈簸箕状，高的部分较宽，底的部分较窄，两边均向内斜收，口大底小。

在第一期也发现了红山文化的典型器物——钵，根据其形态又可以分成深腹钵和浅腹钵。深腹钵为直口，即腹部上部到口沿为直筒，口沿一直向下到整器的三分之一处器壁向内收为小平底；浅腹钵则一体成型，口沿到腹部过渡自然，寰底或平底，切面基本呈"倒三角"状，有叠唇和圆唇之分。

第一期发现的盆也可以根据其形态分为深腹盆和浅腹盆，两种盆均为敛口。深腹盆的口沿为小折沿，有着略圆的肩部，腹部呈斜弧状，深腹盆的口沿为平沿。而浅腹盆的腹部上部较直，并且在口沿下和腹部的中部均有一道凹弦纹。

这一时期彩陶的纹饰主要是以交错平行线组成的宽带纹，或者是由单线条组成的带状纹，蝌蚪纹组成的带状纹，三角形组成的带状纹以及其他的几何纹等。

到了第二期，相较于第一期，器类没有发生太大的变化，还是以平底筒形罐为主，斜口器、盆和钵几种器类依旧存在，新出现的器形包括领罐、小口瓮和双腹盘。值得注意的是，牛河梁红山文化遗址最著名的典型器物无底筒形器和塔形器也是在第二期开始出现的。

第二期的平底筒形罐仍有斜腹和折腹之分，只不过个别的折腹筒形罐出现了厚唇；而斜腹筒形罐到了这一时期，附加堆纹下开始出现装饰小泥饼现象，最为显著的特点就是其上装饰的纹饰不到底。

第二期的斜口器和第一期没有太大差别，即高处宽，低处窄，器壁略向外突出，底部为小底。

钵根据口沿形态分为圆唇钵和叠唇钵，圆唇钵的口沿为直口，或者微敛，腹部有一定的弧度；叠唇钵的唇相较于直口钵宽厚，唇部与腹部有着明显的分界，腹部为圆弧状。

盆为深腹敛口，可以根据盆的肩部将盆分为折肩盆和圆肩盆。折肩盆有小折沿，肩部为折肩，腹部有弧度，向内微收，肩部上饰有弦纹；圆肩盆顾名思义就是其肩部为圆形，唇部为尖唇，口沿较短。

有领罐的器形特点是口部较大，高斜领，溜肩，圆腹较长，小平底，器耳位于腹中部的偏下最大腹径处。

小口瓮的口部为直口，矮领，圆肩，鼓腹，最大腹径的位置在腹上部，腹下部向内斜收，双耳对称地分布于最大腹径的下方，底部为平底。

双腹盘的形制为敞口，腹部上部是斜壁，腹部的中部外折后再向内弧收，底部为小平底。

牛河梁红山文化遗址的第二期，彩陶纹饰主要以勾连涡纹、卡沟纹、菱形方格纹为主。

到了第三期，器类与第二期无差别，还是为筒形罐、小口瓮、钵、盘等。

筒形罐有两种，一种为敞口、斜壁，另一种为微敛口、弧壁，素面或饰有竖压横排的之字纹，有纹饰者纹饰通常装饰较满，口径与器物的高接近。

小口瓮的形制为矮斜领，圆肩上有一对耳，球状腹，最大的腹径在中部。

钵的器形为圆唇，敞口，浅腹。

盘通常是敞口，厚圆唇，有的内外均施彩，装饰着平行分布的带状纹。

牛河梁红山文化遗址的第三期，彩陶纹饰主要为斜宽带折线纹、斜菱格纹、直角三角纹、勾连涡纹、斜三角折线纹、斜宽带纹、菱形方格纹、菱形纹、菱格纹、斜线间直线纹等。

牛河梁遗址的发现和通过对其中陶器的研究，可以使得考古人员进一步确认当时文化的发展趋势，也体现出红山人"神权至上"的思想观念。

正如苏秉琦先生说的那样，"源于华山脚下的仰韶文化的优生支系，即以成熟型玫瑰花图案彩陶为主要特征的庙底沟类型，沿太行山麓北上，源于辽西遍及燕山以北西辽河和大凌河流域的红山文化的一个支系，即以龙鳞纹图案彩陶和压印纹陶为主要特征的红山后类型，由大凌河源南下，这两个出自母体文化而比其他支系有更强生命力的优生支系，一南一北各自向外延伸到更广、更远的扩散面。它们终于在河北省西北部相遇，产生了以龙纹与玫瑰花结合的图案彩陶为主要特征的文化群体。红山文化坛庙冢就是它们相遇后迸发出的文明火花。"[1]

八、内蒙古巴林右旗那斯台遗址

在 1980 年深秋的一天，内蒙古巴林右旗博物馆的工作人员正在那斯台大队进行田野考古调查，在工作人员的努力下，发现了一处新石器时代的遗址，并且采集到了数量颇丰的遗物。工作人

---

1 苏秉琦：《华人·龙的传人·中国人》，《考古寻根记》，辽宁大学出版社，1994 年。

员认为这是一处非常重要的遗址，于是立即向昭乌达盟（今内蒙古赤峰市）文物工作站做了详细的汇报，工作站对于发现的这处遗址非常重视，随即派出了三名工作人员来到那斯台遗址，与巴林右旗博物馆的工作人员联合开展调查，此后，巴林右旗博物馆又对此处遗址进行了多次复查。

那斯台，是蒙古语的音译，意思是松树坡的意思。遗址位于巴彦汉的大青山东麓余脉"密绿大坝"的南侧，西拉木伦河支流查干木伦河西岸的高台地上，南距西拉木伦河约 14 千米。遗址中间被宽约 20 米的乌兰沟隔断，分成了东西两个部分，东部是台地，西部是斜坡地。遗址东部现在已经盖上了民房，也就是那斯台村所在的地方；又由于风沙的长期侵蚀，这里水土流失非常严重，文化层受到了破坏和扰乱，大量的陶片、石器等都暴露在了整个台地上。在靠东北侧的斜坡上还有七八处非常清晰的窑址，有的地段还发现有土垒和沟壕的痕迹。遗址西部，是那斯台村后修建的灌渠乌兰沟，这附近的文化层保存比东侧好，很多地方已经暴露出来的房址和灰坑依稀可辨。从地表观察的情况可以看出，房址都是圆形的，有的略呈方形和长方形。整个遗址的范围是东西长约 1500、南北宽约 1000 米，暴露出来的面积大约有 150 万平方米左右。[1]经过多次的调查，考古人员采集和征集了大量遗物，这些遗物类型丰富，以陶器为主。

那斯台遗址发现的彩陶器，在陶质上分为泥质红陶和夹细砂红陶，还有少量的泥质灰陶。从残存的陶片看，有着坚硬的陶质，烧制温度也较高，表面经过了磨光；器表多施加黑色彩，少数也

---

1 董文义、韩仁信：《内蒙古巴林右旗那斯台遗址调查》，《考古》，1987 年第 6 期，507–518 页。

有紫红色彩。纹饰种类丰富，有平行斜线纹、竖线纹、菱形纹、三角形纹、弧线纹、鳞纹、三角涡纹和条带状花纹等。此外，甚至还发现有"3"字形的似符号状的纹饰。

除了彩陶，在那斯台遗址还发现了很多其他类型的陶器，其中夹砂褐陶的质地都比较粗松，烧制温度较低。纹饰以各种不同形式的之字形纹为主，其他的还有指甲纹、网格纹、凸形纹、凹弦纹、"回"字纹、斜线纹、乳钉纹、点状纹、附加堆纹、螺旋纹，以及凸弦纹施"人"字纹、凹弦纹伴"人"字纹的纹饰等。在陶器的底部多见有编织纹和少量的螺旋状绳纹，这些纹饰是用拍、印、划、刺和堆等方法加工而成的。

陶器的制法皆为手制，有的用盘筑的方法，有的则是套接而成。器物内壁多经过了磨光，有的还能见到擦划的沟条状痕。口沿修饰比较规整，有些器物的口沿下有钻孔。器型主要有钵、罐、碗、瓮、盆、器盖、斜口器、盅、壶、纺轮、纺瓜和饼状器等。

那斯台遗址是目前西拉木伦河以北发现的规模较大的原始文化遗存之一，这里水肥土沃，为古代人类发展农耕和渔猎生产提供了极好的自然条件。在遗址中所采集的陶器，它们的纹饰和器形都与赤峰红山后遗址发现的十分相近。两个地方的陶器制作精致、种类繁多，彩绘技法熟练，线条流畅，彩绘内容丰富多彩，显示了古代劳动人民的智慧和才能。[1]

---

1 董文义、韩仁信：《内蒙古巴林右旗那斯台遗址调查》，《考古》，1987年第6期，507-518页。

九、内蒙古赤峰敖汉旗西台遗址

1982 年敖汉旗正在开展全旗的文化普查工作，敖汉旗历史文化资源丰富，考古工作者在位于敖汉旗王家营子乡阿福营子村西台居民点附近发现了兴隆洼文化、红山文化、夏家店下层文化、夏家店上层文化以及战国时代的诸多遗址群。在居民点以西约 200米的台地上，发现了保存完好的两座南北相邻的长方形围壕，考古工作者认为这应有"城"的含义，两座围壕内分别发现兴隆洼文化和红山文化两个时期的房址及遗物。[1]

西台遗址的壕沟内及房址中出土的遗物十分丰富，绝大多数为陶器，石器的数量极少。陶器中夹砂之字纹大罐可复原的较多，泥质彩陶亦非常丰富。

遗址中出土的夹砂陶主要以筒形罐为主，器形较大，皆夹砂，外表多呈黄褐色，大敞口，圆唇，斜收腹，平底，外口沿饰一周压印纹，腹部有横向或竖向之字纹。泥质陶以钵和罐类为主。钵根据纹饰可以分为彩陶钵和素面钵。彩陶钵折腹，钵体饰红彩，体形较大；素面钵腹较深，直口。彩陶罐为方圆唇，有领，肩饰红彩，罐底部有按压的痕迹。除此之外，还发现一些之字纹陶片，其中有一件残斜口器，上口沿有按压之字纹较细。

除了陶器之外，还发现一女性陶塑，器形十分完整。陶塑的个体较小，是一件裸体的造型，突出了女性的双乳，塑造得非常精细。

1　杨虎：《内蒙古自治区敖汉旗西台新石器时代及青铜时代遗址》，《中国考古学年鉴》，文物出版社，1988 年，134-135 页。

从西台遗址发现的器物来看，年代属于红山文化中期，大约距今 6500—6000 年，与西水泉遗址发现的遗物相近。

十、辽宁朝阳半拉山墓地

2009 年，在第三次全国文物普查中考古工作人员在辽宁省朝阳市龙城区北部发现了一处红山文化的墓地，这里与内蒙古自治区敖汉旗隔努鲁儿虎山相望，这座山是东北—西南的走向，横亘于辽西地区。半拉山为其南侧的一座低矮、平缓的小山，该区域正处于大凌河中游地区，山南为大凌河冲击而成的平坦、开阔的河谷盆地。大凌河两岸是红山文化分布的核心区域，著名的牛河梁遗址即坐落于半拉山墓地所在山脉西南约 80 千米处。[1]

时间来到了 2014 年，辽宁省文物考古研究所和朝阳市龙城区博物馆对半拉山遗址开始为期两年的全面发掘，并且取得了重大成果，共清理了墓葬 87 座、祭祀坑 29 个和一个大型的祭坛。除此之外，还出土了大量陶器、石器、玉器和动物骨骼等遗物，以陶器的数量最多。

半拉山墓地出土的陶器破损均非常严重，无完整器，仅有少数可以复原。器形以泥质红陶无底筒形器为主，形制丰富。器表多绘制黑色彩绘图案，其中有一部分彩绘图案仅绘制在器物向外的半面器表上，图案样式有宽带纹、大斜线三角折线纹、平行线内间饰勾连涡纹、细平行线内填宽菱格纹等。还有少量陶器座塔形器，器座未见明显分布规律；塔形器目前虽无完整器和可复原

1　熊增珑、樊圣英、李道新、李松海、高铁：《辽宁朝阳市半拉山红山文化墓地》，《考古》，2017 年第 7 期。

器，但据残片集中出土的位置，推测在祭坛四面墙体中部各摆放 1 件塔形器。此外，在半拉山墓地中还出土 1 件大型陶塑人像残件，根据其腹部特征，应为孕妇形象。结合牛河梁等遗址人像的发现，该人像疑是祭祀物品，人像头部和下肢残缺，仅存部分躯干和上肢。泥质红陶，外表有一层陶衣，胎体厚重，制作工艺精良，通体打磨光滑。人像大小与真人接近，裸体；双臂环抱于胸前，右手搭在左手臂上，左手不存，右手大拇指按在左臂内侧，其余四指并拢置于左臂外侧；鼓腹，腹中部脐眼外张，脐孔下斜。

通过对半拉山墓地的发掘，确认该墓地属于红山文化晚期的一处性质较单一的积石冢墓地。根据出土的典型遗物，如颈部饰弦纹带的泥质红陶筒形器、陶器座、陶塔形器、刻画之字纹陶筒形罐器等特征来看，均与牛河梁红山文化遗址上层积石冢墓葬出土的遗物类似。半拉山墓地的发现，极大地改变了对红山文化社会结构的认识。在很长的时间内，学术界都普遍认为牛河梁遗址是大凌河流域红山文化的中心地区，对曾经发现的远离牛河梁遗址的积石冢墓地，如阜新胡头沟墓地还没有更深入的了解和关注。半拉山墓地同样远距牛河梁遗址约 80 千米，地处大凌河的中游地带，该墓地 2 千米范围内还分布有小罗山墓地、尹杖子东山墓地，说明半拉山墓地及其周边地区可能是远离牛河梁遗址之外的一个红山文化的中心区域，但从墓地整体与单体墓葬的规模及随葬品的种类看，等级应比牛河梁遗址稍低一些。据考古人员初步推测，在红山文化的晚期阶段，大凌河流域的红山文化分布区域内已经形成了以牛河梁遗址为最高等级的行政和权力中心，同时存在着诸如半拉山、胡头沟等所代表的不同区域内稍低一级的行政和权力中心。因此，该墓地的发现和发掘，对红山文化晚期社会组织结构的认识，对研究红山文化社会复杂化及探讨社会复杂化进程，提供了宝贵的考古资料 [1]。

十一、内蒙古赤峰敖汉旗兴隆沟遗址

在距离著名的兴隆洼文化命名地兴隆洼遗址东南 13 千米的大凌河支流牤牛河上游左岸的兴隆沟村，中国社会科学院考古研究所内蒙古第一工作队的考古工作人员发现了一处重要的红山文化遗址——兴隆沟遗址。在 2001 年，考古人员对此处进行了简单的试掘后，于 2002—2003 年进行了正式发掘，经过这两次发掘，考古工作人员确认第一地点属于兴隆洼文化中期大型聚落（距今8000—1500 年）。在这里经过钻探，明确了聚落的规模和布局特征，揭示出了兴隆洼文化聚落形态中的新类型，确认第二地点属于红山文化晚期的小型环壕聚落，填补了红山文化晚期居址研究资料的空白；确认第三地点属于夏家店下层文化小型环壕聚落（距今 4000—3500 年），为西辽河流域文明化进程及早期国家形态研究增添了新的视角。[2]

兴隆沟遗址第二地点是在兴隆沟村东北约 0.2 千米的坡地上，地势为西北略高、东北和东南部偏低。曾经进行过试掘，由于在很多年前遗址所在的耕地被深耕过，遗迹保存得较差，多数房址的穴壁已经被破坏了，仅残存了底部。部分较深的灰坑还保存得略好，出土了一批具有红山文化晚期特征的典型陶器，如双耳罐、

1　熊增珑、樊圣英、李道新、李松海、高铁：《辽宁朝阳市半拉山红山文化墓地》，《考古》，2017 年第 7 期。

2　刘国祥、贾笑冰、赵明辉、田广林、邵国田：《内蒙古赤峰市兴隆沟聚落遗址 2002—2003 年的发掘》，《考古》，2004 年第 7 期。

瓮、三足盉、圈足盘、桥形钮器盖等，彩陶纹样中有窄带纹、宽带纹、弧线三角纹、网格纹等。该地点是目前国内首次正式发掘到的红山文化晚期居住址，与牛河梁祭祀中心的年代大体相当，学术意义重大。

时间到了2012年，考古人员再次对兴隆沟遗址进行了调查与发掘，本次调查与发掘最重要的发现便是一件可以修复完整的陶人。陶人用泥质红陶烧制而成，通高55厘米，内部中空呈筒状，外表通体磨光，局部施黑彩。陶人的双腿弯曲，双脚呈相对状，盘腿而坐；双臂自然下垂，臂肘弯曲，双手交叠在一起，右手在上，搭放在双脚上；陶人的头部戴着冠，冠正中有一个圆形的孔，长发挽起，用条带状的饰物捆扎，形成了横向的发髻，在额顶的正中还有一个横向的长条状饰物。陶人的面部五官塑造得很清晰，神态逼真、额顶饱满，眼眶周围向内凹，双目为圆形，炯炯有神，双眉和眼球上均施黑彩；鼻梁挺直，鼻头略宽，鼻孔和内侧为中空部通连；脸颊明显向内凹陷，外侧的线条分明，口部明显隆起，呈呼喊状，人中能清晰地看见，下颌为圆弧状；双耳略呈椭圆形，圆形的耳孔与内侧是通连的，耳垂处还钻有圆形的小孔；脖颈竖直，右侧的脖筋做得很明显，双肩较平，锁骨能清晰可见；乳头微凸，右侧的稍高，左侧的稍低；腹部较平，肚脐眼是用小圆孔表示的，与腹部内侧通连；背部微驼，好像一个男性长者的形象。[1]

兴隆沟遗址的发掘为红山文化的内涵与分期研究提供了新的依据，从而有力地推动了西辽河流域乃至整个东北地区史前考古的研究工作。兴隆沟遗址的发掘还证明，在红山文化晚期，社会的复杂化进程大大加快，在承继了本地区已有的文化传统

1　刘国祥：《红山文化研究》（下），科学出版社，2015年。

和大量吸收自中原优势文化因素的基础上，西辽河流域进入文明的曙光期。

十二、内蒙古赤峰魏家窝铺遗址

2008 年 5 月，红山区文物管理所在进行第三次全国文物普查的时候，考古工作人员在内蒙古赤峰市红山区文钟镇魏家窝铺村发现了一处规模颇大的聚落遗址。魏家窝铺遗址区西部约 1 千米处有一条自南向北流的季节性河流，东部为一谷地，地势相对开阔平坦，与对面丘陵台地隔沟相望。南部与北部均为农耕地，地形和地貌与遗址区类似，整个遗址区内地势呈东北高、西南低走向，保存状况良好。同年 9 月，内蒙古文物考古研究所对此遗址进行了全面勘探与测绘。结合地表调查、勘探与测绘的结果，判断这里是一处新石器时代红山文化时期的环壕聚落。2009 年 6 月开始，吉林大学边疆考古研究中心与内蒙古文物考古研究所组成魏家窝铺遗址联合考古队，在这里进行了为期三年的考古发掘工作。

三年的发掘工作确认了房址、灰坑、壕沟、灶址等众多遗迹，出土了大量的陶器、石器、蚌器以及动物骨骼等，其中陶器所占比例最大，其次是石器，蚌器与动物骨骼的数量较少。

陶器按质地可分为夹砂陶器和泥质陶器两大类，夹砂陶器的数量较多，主要是夹砂黑陶和夹砂灰陶，泥质陶器的数量较少。大多数夹砂陶器的砂粒比较均匀，多为灰白色石英砂，部分夹砂陶器因烧制或使用等原因局部呈褐色或黑色，大部分的夹砂陶器器壁比较厚，烧制的温度较低。夹砂陶器的纹饰多为刻画纹和戳印纹，还有部分附加堆纹和压印纹等，少数夹砂陶器的口沿或器身有小纽或乳突。夹砂陶器的器类有筒形罐、斜口器、杯、釜等，陶器中的筒形罐是数量最多的。

从出土的陶器看，饰有之字形纹的夹砂筒形罐、斜口器等应是继承了兴隆洼文化的因素，另有为数不少的圜底釜、支脚以及少量的钵形鼎、圈足罐等明显具有中原地区后冈一期文化的因素。而为数不多的泥质敛口瓮、黑彩陶器表明庙底沟文化对此遗址的影响是不可忽略的。

红山文化以其大型祭祀遗址、建筑基址群、墓葬以及陶器等受到学术界的高度关注，而红山文化的居住遗址尤其是经过科学发掘的大型环壕聚落遗址目前只有魏家窝铺遗址。通过对魏家窝铺遗址的发掘，考古工作者认为，魏家窝铺遗址的发现为辽西地区新石器时代聚落的研究提供了重要的资料，同时此遗址中体现的其他考古学文化的重要因素也反映出新石器时代以辽西地区为代表的东北文化与黄河流域的中原文化区之间的联系，对于进一步推动包括红山文化在内的中华文明起源的研究具有重要意义。[1]

十三、内蒙古赤峰敖汉旗七家遗址

对于考古工作者来说，最痛恨的事情莫过于盗贼对古代遗址的破坏。七家遗址就在赤峰市敖汉旗玛尼罕乡皮匠营子村七家自然村的西南 2.2 千米处的坡地上，这里为山杏林地、耕地和金棘尔林地，土地沙化严重，在遗址被发掘前经常出现被非法盗掘的现象，盗坑多分布在遗址中心区域所在的山杏林地之中。2013 年

1　成璟瑭、塔拉、曹建恩、熊增珑：《内蒙古赤峰魏家窝铺新石器时代遗址的发现与认识》，《文物》，2014 年第 11 期，47-52 页。

6—8月，赤峰市博物馆和敖汉旗博物馆组成联合考古队，对该处遗址进行了抢救性发掘，清理发掘了属于新石器时代红山文化时期的遗迹73个，包括房址10座，灰坑62个，灰沟1条，并出土了陶器、石器、骨器、蚌器等遗物[1]。

七家遗址中出土的陶器数量最多，不过陶片都比较破碎，能够复原的很少，以生活用具为主，也有少数的陶塑装饰件，生产工具中只有陶纺轮一种。陶器都是手制而成，陶质上可以分为夹砂陶和泥质陶，尤以夹砂陶的数量最多，泥质陶次之。夹砂陶的烧制温度都不高，胎壁显得厚重，胎质疏松，内胎的内外两侧抹泥比较薄，部分陶器的局部没有抹泥，露出了内胎的砂粒；多数陶器的内壁经过了压磨，比外壁光滑；陶色一般都不纯正，器表多为褐色，而且有黑褐色或灰褐色的区别，个别的还有红褐色，内壁则多数呈现出黑色或黑褐色。泥质陶的陶质细腻，胎壁也较均匀，而且胎壁较薄，烧成的温度也比较高，质地显得坚硬，器表都很平整、光滑，陶色均匀一致，多数都为红褐色，少数为红色或者黄褐色。多数的陶器上饰有纹饰，少数为素面，施纹的方式有压印、压划、戳印等，纹饰有之字纹、划纹、指甲纹、附加堆纹、编织纹、弦纹、彩陶等。一般器物的口沿下饰弦纹、附加堆纹，主体纹饰在器腹部，编织纹则在器底。彩陶器的数量不多，一般涂有红色陶衣，黑色彩绘，纹饰有涡纹、三角形条带纹、平行竖条带纹、平行横条带纹、弧形条带纹、平行斜条带纹等，一般装饰在罐、钵等泥质陶器的口沿以下或腹部的位置。[2]七家遗址

1 马凤磊、赵淑霞、于文茌、王泽、张英伟：《赤峰市敖汉旗七家红山文化遗址发掘报告》，《草原文物》，2015年第1期，35—52页。

2 马凤磊、赵淑霞、于文茌、王泽、张英伟：《赤峰市敖汉旗七家红山文化遗址发掘报告》，《草原文物》，2015年第1期，35—52页。

是一处文化性质比较单纯的红山文化遗址，同时也是一处有环壕聚落的遗址，属于红山文化中晚期的遗存。

红山文化作为新石器时代最著名的考古学文化之一，其遗址几乎遍布整个辽西地区，被苏秉琦先生称之为"古国"的发展形态。红山文化发现的坛、庙、冢遗迹，展现了距今五千多年前，生活在辽西地区的先民精神文化的成就。除此之外，红山先民的玉器文化和彩陶文化同样让人感到念兹在兹。不同于玉器这种具有神秘性质的器物，红山文化的陶器，发现地点从锦西的沙锅屯到赤峰的红山后，从凌源的牛河梁到敖汉的兴隆沟，处处都有着它的身影，可以说，是陶器将一个个红山文化的遗址串联在了一起，构成了丰富多彩的红山文化。

第二章 陶器种类

　　红山文化在发展过程中经历了上千年的发展，从所发现的遗址来看，兴隆洼遗址、西水泉遗址、东山嘴遗址，分别代表了红山文化历时一千余年的早、中、晚三个不同的发展阶段。新石器时代是我国古代社会发展的一个重要时期，陶器的出现是这一时期的重要标志之一，制陶技术的发展和人们审美意识的提高，使得陶器及其纹饰的装饰性超过了实用性，各种精美陶器和独特的纹饰被创作出来，包含了丰富的社会内涵，表达着人们的信仰、审美和期望，具有一定的寓意。我国有着众多的新石器时代的遗址和文化，不同的文化都创造了自己独特和优美的陶器，作为辽西地区新石器时代的代表性文化，红山文化的陶器和纹饰有着自己独特的风格，从中可以感受到的丰富古代文化信息，可以从很多角度对红山文化的陶器进行深入研究。陶器是古代先民们的日常生活用器物，通过对陶器的观察和研究，能够了解到当时的手工业技术发展水平和生产等生活的状况，也能了解到古人的审美和原始宗教，还能够探究其文化特征、文化的源流以及与其他文化之间的交流关系，具有重要的学术价值。对于红山文化陶器的研究主要包括对筒形器功能的研究，对陶器纹饰、特殊类陶器的研究，对陶器与红山文化渊源的研究，陶器所反映的辽西史前文化发展的阶段性变化等几方面的研究。

经过近百年的田野考古调查和发掘材料的积累，红山文化的实物资料日渐丰富，出土遗物的数量和种类在辽西地区史前文化中遥遥领先。学术界对于红山文化陶器的类型主要从陶质和器形两个角度进行过相关的分类介绍，例如刘国祥先生就在《红山文化研究》一书中从陶器器形的角度出发，将红山文化陶器分为了17类进行相关的介绍；张星德先生也在自己的研究中对红山文化遗址出土的陶器进行了论述，将所发现的陶器分为泥质陶和夹砂陶两个类型，对各遗址出土的器物进行简要的介绍。本部分将从陶器的陶质、器形，陶制小件器三个角度分别进行如下的概述，对红山文化陶器的类型进行一个综合性的介绍。

一、陶质分类

红山文化的陶器按质地不同可以分为夹砂陶和泥质陶两大类，从各遗址所出土的陶片数量看，夹砂陶的数量相对较多，主要有夹砂灰陶和夹砂黑陶；泥质陶的数量则相对较少，陶色以灰色和红色较多。

红山文化的泥质陶器多数表面经过磨光，器表光滑，造型都很规整，烧制温度普遍较高，陶质坚硬，陶色显得均匀一致，有相当大一部分泥质陶器的器表施加了彩色颜料。制作泥质陶器的陶土有的经过了细致的淘洗，有的也夹有小砂粒。巴林右旗那斯台遗址中出土的泥质陶中既有经过淘洗的陶土制作的纯泥质陶，也有夹细砂的泥质陶[1]；翁牛特旗海金山遗址出土陶器以泥质陶居多，泥质陶烧制温度高，质地坚硬，器表光滑，陶色均匀，陶土大多数是经过淘洗的，但多数陶片中仍能看到夹有小砂粒[2]。赤峰蜘蛛山遗址、西水泉遗址出土的泥质陶器的陶土也都有经过淘洗的痕迹，质地细腻。

夹砂陶的砂粒比较均匀，多为灰白色石英砂粒，火烧制温度偏低，部分夹砂陶因烧制或使用等原因局部呈现褐色或深黑色，色泽显得不纯。大部分夹砂陶器的器壁较厚，与泥质陶相比，烧制温度较低，质地也较粗糙酥软，吸水性很强。夹砂陶的内表面往往经过压磨，有的还留着明显的压磨痕迹。

陶器质地的不同，反映出了陶器在烧制的过程中选料和配料上的差别。古人烧制泥质陶器的时候，会对陶土进行仔细的筛选，以除掉其中掺杂的大小砂粒和其他杂物；而在烧制夹砂陶器时，则需要在陶土中另行加入适当比例的砂粒。大量精美泥质陶器的出现，是红山文化的制陶工艺与以往相比更为进步的主要标志之一。

二、器形分类

红山文化时期的陶器种类非常丰富，从器形来看，以平底器居多，另外也有部分圆底器和有足器。红山文化陶器的种类主要有钵、罐、瓮、斜口器、杯、盘、盆、无底筒形器、器盖、塔形器，

---

1 董文义、韩仁信：《内蒙古巴林右旗那斯台遗址调查》，《考古》，1987年第6期，507-518页。

2 宇峰：《内蒙古翁牛特旗两处新石器时代遗址》，《内蒙古文物考古》，1984年，13-21页。

对这几种主要器形分类进行介绍。

1. 罐

在红山文化陶器中，陶罐的数量最多，其种类及形制也最为丰富。根据器形与细部特征的区别，可以将红山文化的陶罐分为筒形罐、双耳罐、垂腹罐和三足罐四大类。

筒形罐

筒形罐是辽西地区新石器时代最具代表性的器形，其在不同文化时期有着不同的形制特点，而每个文化时期的筒形罐的口径、底径和通高在制作的时候都存在着一定的比例关系。本文从红山文化遗址发现的筒形罐的口径、底径和通高等尺寸信息以及器壁等方面入手，按其不同将筒形罐划分为以下三类进行论述。

（1）斜直腹筒形罐

这一类型陶罐的主要特征为大口，器壁斜直，平底，器物的最大径在口部，底径最小。红山文化遗址出土的该类陶罐在口径、底径以及通高上会存在一些变化，据此又可将这一类陶罐分为以下三类。

出土于白音长汗遗址的陶罐（图 2.1-1），口径 9.4 厘米、底径 3.6 厘米、高 7.2 厘米。[1] 其口径与底径之比大于 2.5：1，口径大于通高。

出土于白音长汗遗址的一件陶罐（图 2.1-2），口径 18.6 厘米、底径 10.4 厘米、高 15.2 厘米。口径与底径之比小于 2.5：1，口径大于通高。[2]

1　郭治中、索秀芬、包青川：《内蒙古林西县白音长汗新石器时代遗址发掘简报》，《考古》，1993 年第 7 期，577-586 页。

2　郭治中、索秀芬、包青川：《内蒙古林西县白音长汗新石器时代遗址发掘简报》，《考古》，1993 年第 7 期，577-586 页。

出土于哈民忙哈遗址的陶罐（图 2.1-3），口径 27.2 厘米、底径 10.4 厘米、高 30 厘米[1]，它的器腹较深，口径小于通高。

1　　　　　　　2　　　　　　　3

图 2.1　斜直腹筒形罐

1、2.白音长汗遗址　3.哈民忙哈遗址

（2）斜弧腹筒形罐

这一类型陶罐的主要特征为大口，腹壁斜弧，平底，口径最大，底径最小。同样也是从遗址出土的器物入手对其进行更加细微的区别与介绍。

出土于蜘蛛山遗址的斜弧腹筒形罐（图2.2-1），口径 32 厘米、底径 10.6 厘米、高 29 厘米[2]。这件陶罐器形为小底，器腹较浅，口径与底径之比大于 2.5∶1，口径大于通高。

出土于查干诺尔遗址的斜弧腹筒形罐（图 2.2-2），口径 14 厘米、底径 9.2 厘米、高 11.2 厘米。[3]这件陶罐底稍大，器腹较浅，口径与底径之比小于 2.5∶1，口径大于通高。

1　吉平、郑钧夫、胡春佰：《内蒙古科左中旗哈民忙哈新石器时代遗址 2010 年发掘简报》，《考古》，2012 年第 3 期。

2　徐光冀：《赤峰蜘蛛山遗址的发掘》，《考古学报》，1979 年第 2 期。

3　塔拉、张文平、王晓琨：《查干诺尔新石器时代遗址调查简报》，《内蒙古文物考古》，2000 年第 2 期，27-38 页。

出土于牛河梁遗址的陶罐（图 2.2-3），口径 19.8 厘米、底径 6.7 厘米、高 21.3 厘米，这件陶罐的器腹较前两件深，其口径小于通高。[1]

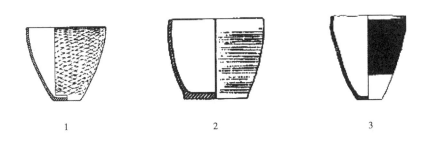

图 2.2　斜弧腹筒形罐
1.蜘蛛山遗址　2.查干诺尔遗址　3.牛河梁遗址

（3）折肩筒形罐

这类陶罐的主要特征为肩部内折，腹壁斜直或斜弧，平底，底径最小，对比不同遗址发现的这类陶罐，可发现该类陶罐的口沿部分又有所不同，也可据此将其划分为敛口、和收口两类。

出土于西水泉遗址的筒形罐（图 2.3-1），陶质为夹砂陶，直口，圆唇折腹，腹壁较直，平底。口沿处素面，器身腹部施有三圈竖压横排直线形之字纹，中腹有四个对称的长条形附加堆纹。口径 29.5 厘米、高 27 厘米[2]。这种折肩筒形罐口沿部为敛口，口径小于肩径。

出土于牛河梁遗址的这件筒形罐（图 2.3-2）为夹砂灰褐陶，整体造型为直口，斜弧腹，平底。口沿下素面，口沿下 4 厘米处

1　辽宁省文物考古研究所：《牛河梁——红山文化遗址发掘报告（1983—2003 年度）》，文物出版社，2012 年。

2　刘晋祥、杨国忠：《赤峰西水泉红山文化遗址》，《考古学报》，1982 年第 2 期。

有一圈戳印纹，戳印纹下有一对鼻钮，腹部施有较宽的竖压横排直线形之字纹，近底部为素面。口径 19 厘米、底径 6.8 厘米、高 14.6 厘米[1]，其口沿为直口，口径与肩径相当。

红山后遗址发现的筒形罐（图 2.3-3）为夹砂灰陶，直口，圆唇，折肩，腹壁近底部斜收，小平底。口沿及上腹部素面，中腹及下腹部施有两周竖压横排的直线形之字纹。口径 8 厘米、底径 2.2 厘米、高 5 厘米，口沿为敞口，口径大于肩径。

 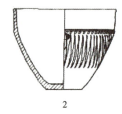 

1   2   3

图 2.3　折肩筒形罐
1. 西水泉遗址　2. 牛河梁遗址　3. 红山后遗址

双耳罐

双耳罐的数量相较于筒形罐要少，但也是红山文化陶器中的主要器类，其重要性也是不可低估的。

（1）大口双耳罐

这类陶罐的基本特征表现为大口，腹部有双耳，平底，口径大于底径。根据其器壁的不同又可将其分为斜弧状、斜直状和束颈三类。

魏家窝铺遗址出土的双耳罐（图 2.4-1）为夹砂陶，微敛口，

1　辽宁省文物考古研究所：《牛河梁——红山文化遗址发掘报告（1983—2003 年度）》，文物出版社，2012 年。

圆唇，鼓腹，平底，器身施有一对对称的桥形耳。口沿处素面，其口径 18 厘米、底径 8.4 厘米、高 17.2 厘米，腹部呈斜弧状。

哈民忙哈遗址中出土的双耳罐（图 2.4-2）为夹砂红褐陶，敞口，圆唇，双耳，斜直深腹，小平底。口沿及近底部素面，器身施有不规整的麻点状窝纹，腹部施有两个对称桥形耳，口径 24.6 厘米、底径 10.5 厘米、高 38.5 厘米，腹部呈现斜直状。[1]

兴隆沟遗址中出土的双耳罐（图 2.4-3）为夹砂灰褐陶，敞口，方唇，弧腹，腹壁近底部斜收，器身中腹偏下位置附有一对对称的桥形耳，小平底。口沿处素面，其上附加一圆形钮。口沿下至中腹部施有疏朗规整的竖压横排直线形之字纹，在之字纹上附加有刻画直线纹的椭圆形乳突，乳突横向排列，近底部有一对圆形钮，呈上下分布，下腹部素面。口径 13.2 厘米、底径 4.6 厘米、高 14.8 厘米；束颈。[2]

  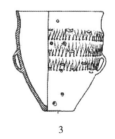

1　　　　　　　2　　　　　　　　3

图 2.4　双耳罐

1. 魏家窝铺遗址　2. 哈民忙哈遗址　3. 兴隆沟遗址

1　吉平、郑钧夫、胡春佰：《内蒙古科左中旗哈民忙哈新石器时代遗址 2010 年发掘简报》，《考古》，2012 年第 3 期。

2　杨虎、朱延平、孔昭宸、杜乃秋：《内蒙古敖汉旗兴隆洼遗址发掘简报》，《考古》，1985 年第 10 期。

（2）短颈鼓腹双耳罐

这类陶罐的主要特征为尖圆唇，短颈，圆鼓腹，腹部有双耳，平底，最大腹径大于口径及底径，根据其口部形制的不同又可细分为敞口和直口两种。

口部形制为敞口的这种短颈鼓腹双耳罐完整或者复原器一共有九件，分别出土于兴隆沟遗址、牛河梁遗址、古日古勒斯台遗址和那斯台遗址。出土于牛河梁遗址的敞口短颈鼓腹双耳罐（图2.5-1），泥质红陶，敞口，短颈，方唇，溜肩，鼓腹，小平底。器身的中腹偏下位置有一对对称的桥形耳，通体素面，口径22厘米、底径10厘米、高40.8厘米。

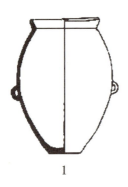 

图 2.5　短颈鼓腹双耳罐
1.牛河梁遗址　2.哈民忙哈遗址

口部形制为直口或敛口的短颈鼓腹双耳罐完整或复原器8件，分别出土于那斯台遗址和哈民忙哈遗址。在哈民忙哈遗址采集所得的这件微敛口的短颈鼓腹双耳罐（图2.5-2），口径10.2厘米、底径12.6厘米、高39.2厘米。[1]

垂腹罐

这类陶罐的特征主要为鼓腹偏下，平底，最大腹径大于口径及底径。依据口部及器体形状的变化，分成器体瘦长和微敛口器体矮胖两个类型。

两个类型的垂腹罐在红山文化遗址各发现一件。口沿部为直口，器体瘦长的垂腹罐仅在蜘蛛山遗址中发现，为泥质红褐陶，直口，方唇，深腹，平底微凹。自口沿处至中腹施有四组黑彩鳞形纹，下腹部素面。口径16厘米、底径10厘米、高37厘米（图2.6-1）。

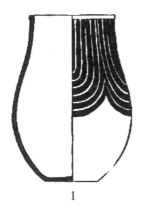 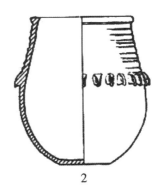

图 2.6　垂腹罐
1. 蜘蛛山遗址　2. 四棱山遗址

口沿部为微敛口，器体矮胖的垂腹罐只在四棱山遗址出土1件，该器物为夹砂灰褐陶，直口，圆唇，垂腹，圜底。口沿至器身中腹施有平行凹弦纹，中腹附加圆形凸钮。口径14.8厘米、最

1　吉平、郑钧夫、胡春佰：《内蒙古科左中旗哈民忙哈新石器时代遗址2010年发掘简报》，《考古》，2012年第3期。

大腹径 18.6 厘米、高 21.2 厘米（图 2.6-2）。

三足罐

红山文化陶器中的三足罐，共发现完整或复原器 2 件，这类器形基本的形制特征为底部有三足。依据器体形制的变化，分成大口、腹壁斜弧和短颈、鼓腹两个亚型，这两种形制的三足罐的具体样式见图 2.7。图 2.7-1 为杜力营子遗址出土的一件大口、腹壁呈斜弧状的三足罐，图 2.7-2 是出土于哈民忙哈遗址的一件形制为短颈、鼓腹的三足罐。

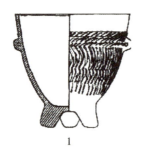
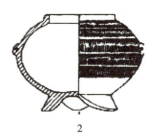

图 2.7　三足罐
1.杜力营子遗址　2.哈民忙哈遗址

2. 钵

红山文化陶钵完整或复原器有五十余件，根据器体形制的不同，分为尖圆唇斜弧腹钵、叠唇钵、折肩钵、斜直腹钵和折肩束颈钵五类。

（1）尖圆唇斜弧腹钵

这类陶钵的基本特征为尖圆唇，弧腹，根据器口部及底部形制的变化，又有敛口平底（图 2.8-1），敞口平底（图 2.8-2）和圜底（图2.8-3）之分。

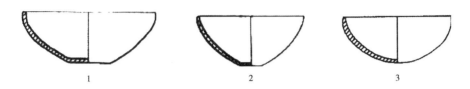

图 2.8　尖圆唇斜弧腹钵
1. 三道湾子遗址　2. 白音长汗遗址　3. 小东山遗址

（2）叠唇钵

这类陶钵的基本特征为唇部外叠，弧腹。根据器物底部形状的不同可分为平底和圜底两类。平底叠唇钵完整或复原器共有8件，分别出土于牛河梁遗址、四棱山遗址、西台遗址、兴隆洼遗址和二道梁遗址；圜底的完整或复原器在牛河梁遗址和红山后遗址发现6件。

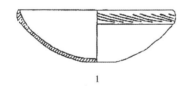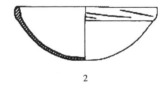

图 2.9　叠唇钵
1. 西台遗址　2. 牛河梁遗址

（3）折肩钵

这类陶钵形制的基本特征是肩部内折，弧腹，平底。根据口部形制的变化分为敛口，口径小于肩径（图2.10-1）和直口或近直口，口径与肩径相当（图2.10-2）两种形制。

形制为敛口，口径小于肩径折肩钵共6件，分别出土于四棱山遗址、白音长汗遗址和二道梁遗址。形制为直口或近直口，口径与肩径相当的折肩钵12件，主要发现于牛河梁遗址、西台遗址、杖房川遗址、杜力营子遗址、四棱山遗址、三道湾子遗址和二道梁遗址。

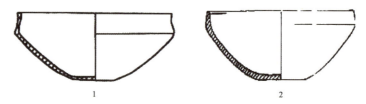

图 2.10　折肩钵

1. 四棱山遗址　　2. 杖房川遗址

（4）斜直腹钵

这类陶钵的基本形制特征为尖圆唇，弧腹，平底或圜底，器体甚扁，在哈民忙哈遗址、西台遗址、二道梁遗址和南台子遗址共发现7件。（图2.11）

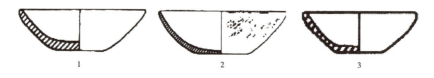

图 2.11　斜直腹钵

1. 南台子遗址　　2. 哈民忙哈遗址　　3. 二道梁子遗址

（5）折肩束颈钵

这类陶钵的基本形制特征为敞口，束颈，折肩，平底。根据颈部形制的变化,可将其分为颈部较长、口径大于肩径和颈部较短、口径与肩径相当两类。

颈部较长、口径大于肩径的折肩束颈钵仅在牛河梁遗址发现2件,颈部较短、口径与肩径相当的折肩束颈钵只在四棱山遗址发现1件。(图2.12)

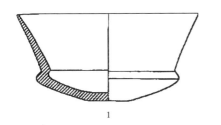 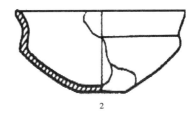

图 2.12 折肩束颈钵
1.牛河梁遗址 2.四棱山遗址

3. 斜口器

红山文化时期的斜口器形制独特,在遗址中发现十余件,根据其形制的不同可分为小口斜口器,大口斜口器和斜口较小、呈"V"字形三种。

(1)小口斜口器

这种斜口器的基本形制特征是斜口,口部近圆形,侧壁外弧或内弧,后壁外弧,平底,口径大于底径。根据前壁的变化又可将其分为前壁较直和前壁内弧。

前壁较直的小口斜口器分别在兴隆洼遗址、白音长汗遗址和老牛槽沟遗址各发现1件(图2.13-1、图2.13-2、图2.13-3),前壁内弧的小口斜口器仅在白音长汗遗址出土1件

（图 2.13-4）。

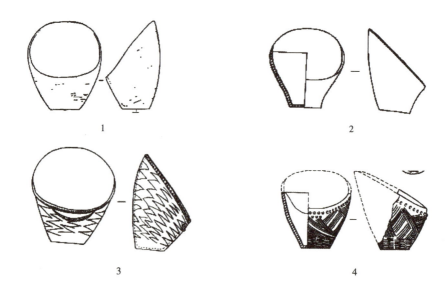

图 2.13　小口斜口器
1.兴隆洼遗址　2、4.白音长汗遗址　3.老牛槽沟遗址

（2）大口斜口器

这类斜口器的基本形制特征为斜口，口径较大、明显大于底径，前壁较矮，侧壁较直，平底。根据后壁的变化，分为后壁内弧和后壁外弧。

后壁外弧形制的大口斜口器在牛河梁遗址和二道窝铺遗址共发现3件。后壁内弧形制的大口斜口器仅在牛河梁遗址中发现1件。（图 2.14）

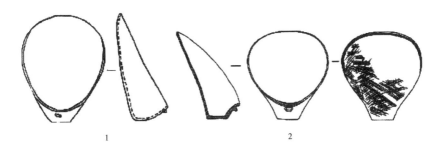

图 2.14　大口斜口器

1、2. 牛河梁遗址

（3）"V"字形斜口器

这种类型斜口器的基本形制特征为器腹壁斜直，器体瘦长，仅在哈民忙哈遗址中发现两件。（图 2.15）

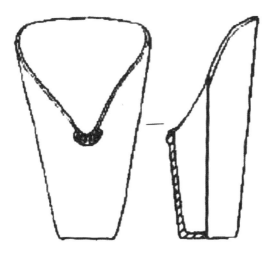

图 2.15　"V"字形斜口器

哈民忙哈遗址

4. 瓮

红山文化陶器中完整和复原的陶瓮 6 件，这一类型陶器的基本形制特征是小口，无颈，鼓肩，弧腹或鼓腹，平底。在红山文化这一时期发现的陶瓮，根据有无器耳和器耳的位置进行类型的划分和研究。

（1）无器耳

红山文化时期仅在小东山遗址发现两件无器耳陶瓮，该遗址发现的这两件陶瓮均为敛口，圆唇，圆弧腹，平底（图2.16-1、图2.16-2）

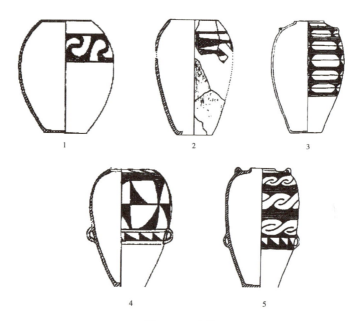

图2.16　陶瓮

1、2.小东山遗址　3.兴隆洼遗址　4、5.兴隆沟遗址

（2）有器耳

红山文化时期遗址共发现了4件带有耳的陶瓮；兴隆洼遗址的1件肩部位置附有一对双耳（图2.16-3），在兴隆沟遗址和牛

河梁遗址分别发现 1 件双耳位于腹部的陶瓮（图 2.16-4），在兴隆沟遗址发现 1 件在肩部及腹部位置各有两个器耳的多耳陶瓮（图 2.16-5）。

5. 器盖

作为红山文化陶器类型之一的器盖共发现 5 件，这一器物的基本形制特征是器壁为斜弧状，呈覆钵状，顶端呈圆弧，上面有一个器钮，有的器钮上面有孔，有的则没有孔。

在红山文化遗址中发现的器钮上面有钻孔的器盖一共有 4 件，分别发现于牛河梁遗址、北牛夕河村遗址、兴隆沟遗址和西水泉遗址，这 4 件器盖均呈伞状，陶质有泥质也有夹砂。在牛河梁遗址中出土的 1 件在器钮上钻有孔的器盖（图 2.17-1），其陶质为泥质黑陶，呈伞状，顶部有扁平方钮，子母口，内沿不显。盖径 15 厘米、通高 4.3 厘米、钮高 0.9 厘米。[1]

无孔器盖，只在二道梁遗址中采集到 1 件，盖器的钮呈乳丁状，无钻孔，陶质为泥质褐陶，整体造型呈伞状，顶部带有一拱形钮，无钻孔，素面。口径 9.6 厘米、高 5.6 厘米。（图 2.17-2）

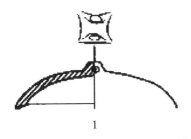 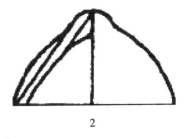

1   2

图 2.17　器盖
1. 牛河梁遗址　2. 二道梁遗址

1　辽宁省文物考古研究所：《牛河梁——红山文化遗址发掘报告（1983—2003 年度）》，文物出版社，2012 年。

6. 杯

红山文化陶器中陶杯的数量并不多，发现了 7 件完整或复原器。陶杯的形体很小，尖圆唇，平底。依据器体形制不同，分成直腹杯、弧腹杯、带流杯和高足杯四种类型。

直腹杯有三件，其中发现于二道梁遗址的一件直腹杯的口沿部呈直口，圆唇，直腹较深，平底。通体素面，其尺寸为口径 2.8 厘米、底径 2.8 厘米、高 3.2 厘米（图 2.18-1）。在小东山遗址中发现的一件直腹杯口沿部呈敞口，其基本形制特征为圆唇，敛口，斜直腹，平底，通体素面，器体凹凸不平，捏制而成；口径 4.3 厘米、底径 3.2 厘米、通高 4.5 厘米。（图 2.18-2）

弧腹杯有 2 件，腹壁斜弧。根据其口部的变化，分为敛口弧腹杯和敞口弧腹杯 2 个亚型。敛口形制的弧腹杯只在西台遗址中发现 1 件，器形特征为圆唇，敛口，斜弧腹，平底，通体素面，口径 5.9 厘米、高 4.5 厘米、底径 1.7 厘米。（图 2.18-3）

敞口形制的弧腹杯仅在牛河梁遗址出 1 件，泥质褐陶，圆唇，敛口，斜直腹，平底。通体素面，口径 4.5、底径 2、高 4.3 厘米。（图 2.18-4）

带流杯的形制特征为口部有流，呈三角形，这一形制的陶杯仅在白音长汗遗址出土 1 件，黑褐色，圆唇，敞口，弧腹，平底，口沿一侧带有流，器体凹凸不平。口沿 8.8 厘米、底径 5.2 厘米、高 6 厘米、流长 1.4 厘米。（图 2.18-5）

高足杯的形制特征为底部有平足，呈实心圆饼状。这类陶杯仅在小东山遗址出土 1 件，直口，圆唇，斜弧腹，高足。口径 9.4 厘米、底径 3.5 厘米、通高 5.1 厘米。（图 2.18-6）

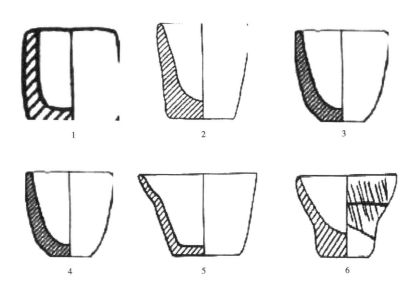

图 2.18　陶杯

1、2.直腹杯　3、4.弧腹杯　5.带流杯　6.高足杯

7. 盘

在研究红山文化遗址中发现盘的完整或复原品的过程中，学界将这一陶器按器形分为假圈足盘、圈足盘和平底盘三种类型。

假圈足盘在牛河梁遗址和兴隆沟遗址中有发现，这种陶盘的基本形制特征为底部有假圈足，较矮，平底（图 2.19-1）；圈足盘在兴隆沟遗址和西台遗址中有发现，其基本的形制特征为底部有圈足，直径与底径相同，圈足高度大于器腹深度（图 2.19-2）；平底盘只在南台子遗址发现 1 件，其器体整体甚扁，平底，无圈足（图 2.19-3）。

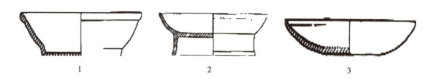

图 2.19　陶盘

1.牛河梁遗址　2.兴隆沟遗址　3.南台子遗址

8. 壶

红山文化的陶壶根据器体形制的不同，可以分为小口短颈鼓腹壶和扁体壶两种。小口短颈鼓腹壶根据其颈部形制的变化，又可分为颈部较短、腹部较高和颈部较长、腹部短矮两种类型。

（1）小口短颈鼓腹壶

在哈民忙哈遗址中发现的小口短颈鼓腹壶，就呈现出了颈部较短，腹部较高的特征（图2.20-1）；在兴隆沟遗址也发现了1件小口短颈鼓腹壶，把这件陶壶与哈民忙哈遗址发现的陶壶对比发现，这件陶壶的颈部较长，腹部短矮（图2.20-2）。

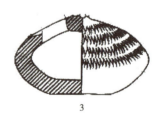

图 2.20　陶壶

1.哈民忙哈遗址　2、3.兴隆沟遗址

（2）扁体壶

这类壶的基本形制特征为器体甚扁，小口带流，鼓腹，平底，顶部有桥形钮。在兴隆沟遗址就发现1件这种形制的陶壶（图2.20-3）。陶壶器体呈扁圆形，圆底，顶部有一桥形钮，已残损。

9. 盆

红山文化陶盆的基本形制特征为体量较大，器体较矮，敞口，平底。依据器体形制的不同，分成腹壁斜弧的斜弧腹盆、腹壁内凹的凹腹盆和折腹盆三种形制。

在牛河梁遗址发现了斜弧腹盆和折腹盆，在西水泉遗址发现了凹腹盆。牛河梁遗址发现的一件斜弧腹盆的器形特征为卷沿，浅腹，平底，口径约16厘米、底径6厘米（图2.21-1）；折腹盆的器形特征为大敞口，圆唇，折腹，小平底，这件器物为复原器，复原口径22厘米、底径7厘米、高4.9厘米、壁厚0.5厘米（图2.21-2）；在西水泉遗址发现的一件凹腹盆的器形特征为敞口，浅腹，腹部有一对对称的实耳，口径30厘米、高6厘米（图2.21-3）。

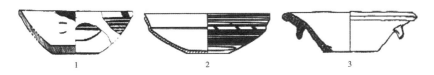

图 2.21 　陶盆

1、2.牛河梁遗址　3.西水泉遗址

10. 塔形器

这一类型陶器的基本形制特征主要为小口，上腹部斜弧，上小下大呈覆碗状，束腰，腰部有镂空，下腹部斜弧，上小下大呈覆斜弧腹筒形罐状，无底，底沿内折，呈子母口状。红山文化遗址发现的完整或者复原的以及残件共8件，这8件塔形器均发现于牛河梁遗址，其中7件是在该遗址出土的，另外1件是采集发现。

牛河梁遗址采集的塔形器是一件残器，陶质为泥质红陶，鼓腹，腹壁近底部斜收，有较宽的裙边。器身腹部涂黑彩，大部分已经脱落，施有窝点纹，盖肩塔形器的残高19.6厘米、裙边直径27厘米、壁厚约0.8—1.1厘米（见2.22-1）。

出土于牛河梁遗址的塔形器（图2.22-2）已残，只存有器物的上部残片。陶质为泥质红陶，似有陶衣，呈半球状体。短颈，嘴沿小，与嘴紧靠，口部残缺严重。器身通体施有黑彩，彩绘平行带状纹，内部填有三角斜线纹，中间附加宽斜带纹，该器嘴径为1.6厘米、残高9厘米、残腹径16厘米。

图 2.22 塔形器

1、2.牛河梁遗址

11. 无底筒形器

红山文化中的无底筒形器是一种形似筒的特殊陶器，它上下贯通，没有底部，尺寸都比较大。学术界对这一形制的陶器特点的描述主要有以下几点：（1）它主要出土于积石冢和墓地的周围或者墓葬外围；（2）不是日常所用器物；（3）基本形状和样式较为统一，尺寸较大；（4）胎质细腻，制作精美。

红山文化的无底筒形器整体呈空心筒形，它的底部有收底无底和凸底无底两种形制，这两种底部类型的无底筒形器均在牛河梁遗址中有发现，其腹壁都有较直和鼓腹两种类型。

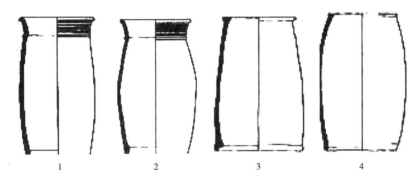

图 2.23　无底筒形罐
1-4 牛河梁遗址

图 2.23-1 为收底无底筒形器，腹壁较直；图 2.23-2 为收底无底筒形器，鼓腹；图 2.23-3 为凸底无底筒形器，腹壁较直；图 2.23-4 为凸底无底筒形器，鼓腹。

12. 无底钵形器

无底钵形器的基本形制特征为整体呈无底覆钵状，尖圆唇，敛口，折肩，底沿内收，这种造型特殊的器形在红山文化时期主要是一种祭祀用器。专家学者们通过对这一器形陶器的研究，依据无底钵形器器体腹壁的不同分成直腹或微鼓腹和曲腹两种类型。

　　腹部呈直腹或微鼓腹的无底钵形器在牛河梁遗址和草帽山遗址中有发现，在牛河梁遗址中发现的几件无底钵形器基本为敛口、圆唇、直腹（图2.24-1）；在草帽山遗址中发现的几件无底钵形器腹部基本均为微鼓（图2.24-2）。腹部呈曲腹的无底钵形器也是在牛河梁遗址和草帽山遗址中发现的，敛口，折肩，腹微曲，中腹部见一道束腰。（图2.24-3）。

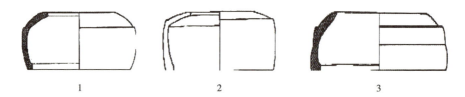

図 2.24　无底钵形器
1、3 牛河梁遗址　2.草帽山遗址

13. 陶质小件器

　　红山文化陶器除了上述几种常见的大型陶器之外，在遗址中也发现了一些陶质的小件器。

　　（1）陶纺轮

　　纺轮是我国古人发明的一种捻线工具，作为人类最早使用的纺织工具之一，纺轮的出现为人们的生活带来了很大的便利，预示着纺织业即将兴起。纺轮在红山文化时期的遗址中多有发现。

　　在奈曼旗大沁他拉新石器时代遗址的调查中发现了3件不同形状的陶纺轮，其中两件纺轮为泥质红褐陶，分别呈算珠状和圆台状，另外一件为夹砂红褐陶，呈扁圆饼状。那斯台遗址的发掘中也出土了 6 件陶制纺轮，形制均为扁平的圆形，在正中钻有一圆孔，它们都是用陶器的残片加工制成的，直径为 4 厘米左右。[1]四棱山遗址中也有采集到 2 件陶纺轮，1 件为算珠状，直径 3 厘米，1 件为圆墩状，形制不太规则，直径 2.8—3.2 厘米。[2]海金山遗址中也出土了 1 件陶纺轮，这件纺轮是利用泥质红陶压印之字形弧线纹陶缸残片制成，中间钻一圆孔，直径 5.1—5.4 厘米、厚 0.4厘米、孔径 0.5 厘米。[3]

（2）纺瓜

纺瓜是纺绳时口股绳中的分隔工具。这类陶质工具在那斯台遗址中出土了 5 件，形制为扁平状，周边加工出沟槽。这 5 件纺瓜有两种形式，2 件整体形状为桂叶形，其他 3 件形状为卵圆形，形体较小。[4]

（3）陶棒

在 2010 年哈民忙哈遗址的发掘中发现了 16 件陶棒，多数呈近似圆柱状，其他形制的较少。图 2.25 所示就是发现于该遗址的其中一件陶棒，陶质为砂质黄褐陶，整体近圆柱状，一端为平头，一端为圆面，通体素面，直径 2.4、长 5.4 厘米。在大沁他拉遗址中也发现了一件带孔小陶棒；陶质为泥质红褐陶，长 3.5 厘米，一端钻有 0.6 厘米的圆槽，另一端在侧面钻有直径 0.25 厘米的孔。

1　董文义、韩仁信：《内蒙古巴林右旗那斯台遗址调查》，《考古》，1987 年，507-518 页。

2　李恭笃、高美璇：《内蒙古敖汉旗四棱山红山文化窑址》，《史前研究》，1987年，52-66 页。

3　李宇峰：《内蒙古翁牛特旗两处新石器时代遗址》，《内蒙古文物考古》，1984 年，13-21 页。

4　董文义、韩仁信：《内蒙古巴林右旗那斯台遗址调查》，《考古》，1987 年，507-518 页。

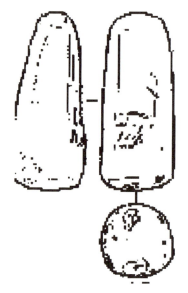

图 2.25　陶棒哈民忙哈遗址

（4）线轴状器、弹丸

这种陶器在奈曼旗大沁他拉遗址发现了 1 件，陶质为泥质红陶，状似线轴，两端圆面直径为 1.4 厘米；在该遗址也发现了 1 件陶质弹丸，弹丸为泥质灰陶，表面光滑，直径为 2.5 厘米。

（5）陶范

陶范是用来制作器物的模具，在敖汉旗西台遗址出土了两组保存较完整的合范。第一组外形呈长方体，每扇长 5 厘米、宽 3.5 厘米、厚 2 厘米，上面留有浇口，范腔为一鸟首，应该是用来铸造小青铜饰的模具（图 2.26-1）。第二组较小，每扇长 2.5 厘米、宽 2.1 厘米，留有浇口（图 2.26-2）。[1]

1　杨虎、林秀贞：《内蒙古敖汉旗红山文化西台类型遗址简述》，《北方文物》，2010 年，13-17 页。

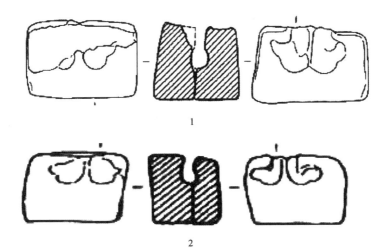

图 2.26 　陶范敖汉旗西台遗址

　　红山文化时期的陶器数量众多、种类也非常丰富，陶器制作的工艺技术水平相较于辽西地区更早的兴隆洼文化、赵宝沟文化等有了显著地提高。经过多年来学术界的研究，专家学者们根据红山文化陶器的出土环境，将红山文化陶器的使用功能基本明确分为以下两类：一类为日常生活用器，多出土于房址、灰坑及壕沟内，如筒形罐、钵、斜口器、瓮、壶、盆、盘、杯等，这类陶器主要是一些被用来作为炊煮、饮食、盛储的器皿。另一类陶器的用途则为祭祀用器，多出土于积石冢、祭坛或祭祀坑内，其中以牛河梁遗址的发现最具代表性，主要器类有塔形器、无底筒形器和无底钵形器等。除此之外，红山文化遗址中也发现了一些制作精致的小件陶制工具，如陶纺轮、陶棒、陶范等。红山文化出土的陶器数量之丰富、种类之齐全，在辽西地区史前文化中可谓首屈一指，是我国历史文化长河中的璀璨瑰宝。

通过对红山文化陶器的研究可以了解红山文化时期先民们的审美和精神世界，陶器既是红山文化时期人们生产技术水平的直观表现，也是探索红山文化渊源流向和与其他文化进行交流互动的重要线索，红山文化陶器的重要性不言而喻。

第三章　陶器纹饰

　　红山文化距今 6500—5000 年，时间跨度长达 1500 年，几近夏商周三代的时间总和。红山文化 1500 年的发展进程绝非一成不变，最能表现出红山文化阶段性变化的无疑就是易制作但易碎的陶器。

　　红山文化大体分为早、中、晚三个时期，其文化内涵也日益丰富。

　　红山文化早期（6500—6000），陶器以筒形罐、钵、瓮、斜口器为主要器物组合，约在 6200 年前后，最简单的彩陶—红顶钵出现。

　　红山文化中期（6000—5500），陶器种类极大丰富，新出现了小口双耳壶、垂腹罐、三足鼎、圜底釜等来自河北平原的后冈一期文化的器物，彩陶图案精美复杂。

　　红山文化晚期（5500—5000），祭祀用陶器增多，彩陶图案在吸收了强大的庙底沟文化彩陶图案的基础上，糅入本地传统的纹样从而形成混合文化面貌，如勾旋纹，并继续创新本地传统图案，形成独有的如垂鳞纹、大三角折窄带纹等。

　　红山文化从早期发展到晚期，不仅陶器种类日益丰富，彩陶成为红山文化新风尚。彩陶的出现彻底改变了本地区延续已久的夹砂筒形罐一统天下的局面，使红山文化陶器群面貌发生显著变化，也是红山文化学习吸收中原先进文化的产物。

一、固本活源

1. 之字纹

红山文化最大宗的遗物就是筒形罐。经过正式发掘的红山文化遗址中，数量最多、最易辨识也最具特色的就是筒形罐。筒形罐或宽扁，或瘦高，有的罐体饰满红山文化的典型纹饰——之字纹，有的则似乎很随意地刻画上几笔细划线，有的则以磨光素面为美。（图3.1）这些筒形罐不仅代表着红山文化的本色，也是记录红山文化发展的见证物。

图 3.1 　之字纹

（引自：中国社会科学院考古研究所编，《玉器起源探索》，中国考古艺术研究中心出版，2007 年。）

红山文化陶器群中筒形罐和斜口器都是承袭兴隆洼文化和赵宝沟文化，二者虽器形不同，功能有别，但装饰器表的特点却几乎相同，都是把之字纹装饰在器外壁，鲜明且灵动。红山文化的之字纹，源于兴隆洼文化早期的短斜线交叉纹，是交叉纹的简化，是静化为动的观念的表达。兴隆洼文化的成组交叉纹在视觉感受上是 X 形图案的静态组合，在兴隆洼文化中期出现的之字纹则给人一动一静的感受。连续的之字纹给人以视觉无限延伸的感觉，有如起伏的波浪，有微风拂过的气息，是红山先民运用最简单的连续曲线展现大自然中的动态美。

由于被发掘的红山文化早期遗址数量过少，出土筒形罐的数量也不多，之字纹的布局无法统而概之。红山文化中期，筒形罐的数量相对较多，发掘出的两个陶窑址中出土较多筒形器，之字纹在所有纹饰中最易辨别。

综合各遗址共 160 件的筒形罐，约一半的器表装饰之字纹。从施纹方式看，既有压印之字纹，也有之字纹。之字纹的基本形态，大体有直线形、弧线形、篦点形三种，弧线形最多，直线形次之，篦点形数量很少。从排列方式上看，竖排之字纹相对较多，横排之字纹次之。竖排之字纹形成的列与列间多有一定间距，清晰且直观；横排之字纹形成的行与行间有一定间距，规整且有序。但也有之字纹因设计的线型细且密而给人以烦琐杂乱的感觉。（图3.2）

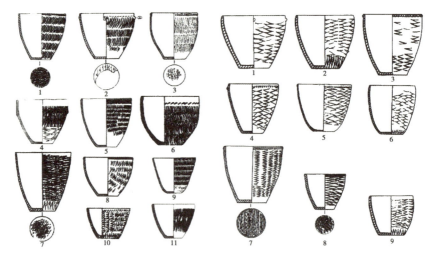

图 3.2　之字纹筒形罐

（引自：刘国祥，《红山文化研究》，科学出版社，2015 年。）

　　出土的 10 件斜口器中，有 3 件器体的表面满施竖排之字纹，其中 2 件压印竖排直线之字纹，1 件为压印竖排弧线之字纹。（图 3.3）

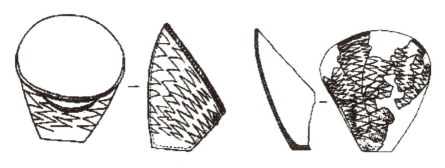

图 3.3　之字纹斜口器

（引自：刘国祥，《红山文化研究》，科学出版社，2015 年。）

红山文化出土的钵和碗因形体相对较小且以素面为主。彩陶钵占一定数量，但彩陶碗的数量相对较少。之字纹一般不见于钵，但仍有碗身上满施之字纹，或横或纵，疏朗明快。（图3.4）

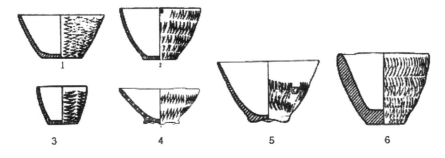

图 3.4 之字纹陶钵

（引自：刘国祥，《红山文化研究》，科学出版社，2015 年。）

红山文化中以之字纹为主体纹饰时，并不拘泥于横排或纵排的分割，在筒形罐的罐体上常看到横排与纵列之字纹共饰于一器的现象，甚至还会出现横排之字纹与纵列之字纹相间分布的布局（图3.5）。红山先民在设计之字纹的空间分布时，会随罐体凸出或收缩的变幻，展现整体结构之美。

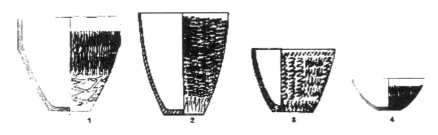

图 3.5 横排之字纹与竖列之字纹

（引自：刘国祥，《红山文化研究》，科学出版社，2015 年。）

之字纹不仅是红山文化的典型纹饰，也是东北地区极具区域特征的陶器纹饰。[1] 之字纹起源于西辽河地区的兴隆洼文化。兴隆洼文化时期之字纹就已经向外传播至俄罗斯的贝加尔湖地区，向南则越过燕山进入豫北冀南地区，向东南影响到山东半岛。不同地域，之字纹的布局有明显的区分。

红山文化的之字纹与本地区的赵宝沟文化之字纹还有一定的差别，保持了较多与兴隆洼文化相近的特征。如红山文化的之字纹以主体纹饰出现在陶器外壁，与之组合的纹饰多是口沿处的附加凸泥带或附加泥条，凸泥带上也多压印一圈指甲纹，凸泥带与指甲纹的组合仅是修饰在口沿处，丝毫不会影响之字纹的主体地位。但在赵宝沟文化中，不仅之字纹之上可以再加施其他纹饰，连施纹手法也大是不同。早期的兴隆洼文化之字纹均为压印而成，至赵宝沟文化时期则全是刻画上去的，红山文化的之字纹一部分是压印纹，一部是刻画纹，是在承袭两种文化优势基础上的带有自身特色的红山文化代表性纹饰。

2. 刻画纹

红山文化压划纹是与之字纹势力几乎相当的代表性纹饰之一，也主要见于筒形罐或斜口器的表面。综合各遗址共 160 件筒形罐，几乎近一半的器表装饰压划纹，并且从红山文化早期发展到晚期，有超越之字纹占据主体的趋势。

占据陶器外壁大部分的压划纹以斜线刻画纹为最多，网格纹、垂弧纹、平行线纹相对较少。斜线刻画纹还可按施纹方向的变化分为大斜三角折线纹、短折线三角纹、折线纹、交错成组压划线纹，

---

1 王月前：《纹饰谱系框架下的东北地区新石器文化》，《中国国家博物馆馆刊》，2019 年第 4 期。

短斜线等。

　　刻画纹在红山文化早期的晚段已经开始出现独有的装饰风格，如小东山房址出土的筒形罐，一件筒形罐器身通体施较疏朗的折线纹。另一件筒形罐自口部至上腹部刻有竖排短折线三纹，下腹部至器身底部施有长度不等的横向短线纹，器底有叶脉状的压印痕。（图3.6）

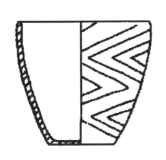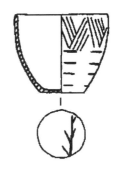

图 3.6　刻画折线纹筒形罐

（引自：刘国祥，《红山文化研究》，科学出版社，2015 年。）

（1）斜线刻画纹

　　至红山文化中期，刻画纹已有占据筒形罐半壁江山之势。斜线刻画纹多成组分布，或 2 条一组，或 5 条一组，组合条数不等，有的是成组斜线之间按一定空间相隔开，有的则在罐体上细密围绕整圈，有的则相互交叉，形态不一，变化多端。其中的大斜三角折线纹、短折线三角纹构造最为复杂，细密的成组斜线依据施纹方向的不同而交叉成三角图案，造成一种"立体形"的空间感。（图3.7）

图 3.7　斜线刻画纹筒形罐

（引自：刘国祥，《红山文化研究》，科学出版社，2015 年。）

（2）竖直线刻画纹

竖直线刻画纹也多成组分布，有的是成组垂线等距离分隔开，有的则细密围绕器体一周，图案或简洁或繁复，密如雨帘又像垂柳，别具一格，这种结构带给人以强烈的动感。（图 3.8）

较为规范的之字纹渐被刻画纹所代替的原因，可能与刻画纹相对简单省力省时有关。筒形罐与斜口器均为夹砂陶，其外表粗糙，易被通体装饰的原因之一是为了提高陶器的美感，更重要的原因应是在烧制前通过刻画等形式更多排出陶胎内部的空气，以便成功烧出陶器，同时也可增加陶器的耐热性能，因为部分筒形罐主要用作炊煮器。

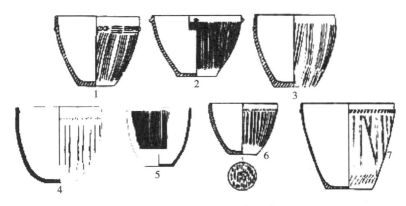

图 3.8　竖线刻画纹筒形罐

（引自：刘国祥，《红山文化研究》，科学出版社，2015 年。）

3. 垂弧纹

红山文化的垂弧纹也被称为龙麟纹，垂弧纹多饰在垂腹罐上，一般以彩陶的形式出现。红山文化晚期的时候开始向南传播自身文化优势，内蒙古中南部岱海地区、河北北部都发现了来自红山文化的垂弧纹。红山文化筒形罐上出现的刻画垂弧纹能看出其早期形态。

西台遗址出土的一大口小底斜弧腹筒形罐，在罐体的中上部和中下部施平行横线纹，两组平行横线带之间刻画三层半环纹（图3.9-1）。

西水泉遗址采集到的一件矮体弧腹筒形罐，在罐体的中上部和中下部施平行横线纹，两组平行横线带之间刻画有垂弧纹（图3.9-2）。

那斯台遗址采集到的一件矮体斜弧腹筒形罐，口沿至腹部近1/3素面，其下施刻画垂弧线纹（图3.9-3）。

牛河梁第五地点下层积石冢二号冢出土的一件大口小底弧腹罐，口沿下一周戳印短斜线纹，其上对称分布4个瘤状钮，腹部饰不规整的成组的垂弧纹，近于垂鳞纹，又间施成组的平行短弧线纹（图3.9-4）。

1 西台　　　　2 西水泉　　　　3 那斯台　　　　4 牛河梁

图 3.9　垂弧纹筒形罐

（引自：刘国祥，《红山文化研究》，科学出版社，2015年。）

4. 菱形纹

菱形纹是红山文化彩陶的典型纹饰之一，多见于祭祀用器无底筒形器上，施黑彩，与红色的筒形器底色形成强烈的色彩对比。偶见的日常用生活器皿中也多以黑彩绘制。南台子遗址墓葬中出土的筒形罐，罐身通体刻画菱形纹，可以看出其构图特点。在三道湾子遗址灰坑里出土的一件矮体斜直腹筒形罐，罐体中部用黑彩绘制两道菱形黑彩，是罕见的筒形罐中出彩陶的特例。（图3.10）

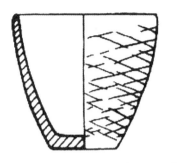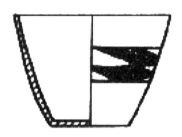

图 3.10 菱形纹筒形罐

（引自：刘国祥，《红山文化研究》，科学出版社，2015 年。）

5. 压印纹

红山文化筒形罐上的之字纹一部分是压印成形，但压印纹中还有两种特殊形式的压印纹是席纹和叶脉纹。

红山文化陶器的底部多印有席纹或叶脉纹，席纹数量最多，叶脉纹相对较少。这两种纹饰并不是刻意制作出来的，而是与制作陶器时的工序有关。

席纹多见于新石器时代陶器的底部，它是制陶人在制成陶坯后，在阴干的过程中将其施于编织席上留下的印痕，叶脉纹则是将陶坯放于铺满树叶的空地上的缘故。由于胎体有一定湿度，筒形罐、斜口器等器体又较沉，因此席纹或叶脉纹的印痕通常较深，席纹上的经纬造型比较清晰。（图 3.11）

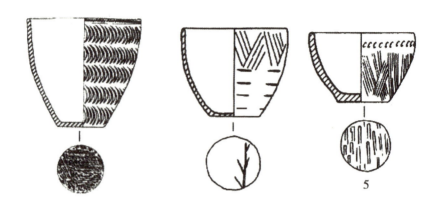

图 3.11　压印纹筒形罐

（引自：刘国祥，《红山文化研究》，科学出版社，2015 年。）

6. 戳印纹

戳印纹多出现在红山文化筒形罐的口沿部位，形式主要有三种，一种是戳印短斜线纹，一种是戳印圆圈纹，再一种是指甲纹，其中短斜线纹的数量最多。

戳印纹的施纹载体也有所不同，口沿处的平行短斜线纹，施纹工具可能是扁体的短条状工具，有的是在筒形罐的口沿处直接戳印平行短斜线，有的则是附加一圈凸泥带，然后再将平行短斜线戳印在凸泥带上，所以戳印出来的效果常常是一端的戳痕既粗且深，另一端则细而浅。圆圈纹的施纹工具应是圆形类似竹管或芦苇类的工具。这几类戳印纹在表现立意上明显是对口沿部分的刻意渲染。（图 3.12）

图 3.12　施纹工具

（引自：李鹏辉、王立新，《后套木嘎一期文化陶器纹饰与制法研究》，《考古》，2021 年第 4 期。）

筒形罐口沿处戳印短斜线纹最早出现在兴隆洼文化晚期，兴隆洼文化筒形罐的口沿在制作时多制成厚重的形态，还会在口沿处再贴一周附加堆纹，其上再戳印平行短斜线。红山文化筒形罐口沿外表的戳印纹应源于兴隆洼文化。[1]

7. 附加堆纹

图 3.13　附加堆纹

（引自：刘增军主编，《翁牛特文物选粹》，内蒙古文化出版社，2012 年。）

1　朱延平：《红山文化彩陶纹样探源》，《边疆考古研究》，2007 年第 12 期。

红山文化陶器的口沿处多会刻意装饰，因此附加堆纹也较发达。口沿处附加一周凸泥带的作用多是为了增加口沿的厚度，同时为了美观，还在凸泥带上施加戳印短斜线纹或圆圈纹。还有的是按一定间距在口沿处附加横带状细泥条，有的则是附加小圆饼或者附加乳钉。比较有特色的是双瓣钮，造型美观。（图3.13）

8. 镂空

镂空装饰仅见于牛河梁遗址出土的器盖或塔形器的腰部，镂空呈长方形、三角形或正方形，应为祭祀类陶器的专属装饰网格。[1]（图3.14）

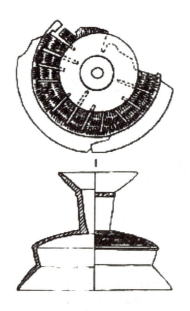

图 3.14　红山文化镂空器盖（出土于牛河梁
第一地点女神庙 N1J1B）

（引自：刘国祥，《红山文化研究》，科学出版社，2015年。）

1　刘国祥：《红山文化研究》，科学出版社，2015年。

9. 拍印纹

拍印纹主要见于红山文化晚期的哈民忙哈遗址。陶罐腹部满施细密的麻点纹和方格纹，麻点纹的数量最多，也是红山文化哈民忙哈类型中最典型的陶器纹饰。（图 3.15）

图 3.15　拍印纹陶器

（引自：刘国祥，《红山文化研究》，科学出版社，2015 年。）

二、窑里春秋

红山文化陶窑仅在敖汉旗和松山区发现两处，分别为四棱山窑址和上机房营子窑址。两处陶窑均以烧制筒形罐、斜口器、钵、壶等日常生活用器为主。统观两处有资料发表的 5 座陶窑，可看出陶窑的内部结构在逐渐完善中，窑室逐渐与燃烧间分离，火道、燃烧间及窑室面积逐渐增加，逐渐实现了对温度和产量的有效控制。

将逐渐改良的陶窑与窑内出土的生活用器结合，综合观察陶器纹饰的演变规律，刻画纹曾一度有碾压传统之字纹的趋势，结构相对原始的上机房营子二号陶窑内的陶器纹饰以之字纹为主，较进步的双火膛四棱山六号陶窑内的纹饰多为成组刻画纹，更为进步的双火膛多火道上机房营子一号陶窑出土的陶器，之字纹占的比例仍超过成组刻画纹。还有一个明显的变化是多种造型的陶罐类上都出现了桥形耳、乳钉、花瓣钮等附加结构，这类特征在红山文化早期不见，中期少见，晚期成为流行，并在年代更晚的小河沿文化中极其流行。[1] 小河沿文化中还有相当数量的之字纹留存，究其原因，应是之字纹已经成为西辽河流域史前先民的共同审美认知，甚至是深层的文化心理，因此才能在近 4000 年的时间里传承延续。

三、有趣的灵魂

红山文化先民对陶器的修饰虽严谨有序、构思巧妙，但偶尔仍有些陶器造型或纹饰造型极具生活意趣，活泼自由且不失诙谐。

赤峰市巴林左旗二道梁红山文化遗址出土的矮体斜直腹筒形罐，口沿处素面，器身施满鱼鳞纹。辽宁牛河梁第五地点上层二号积石冢出土一件高度约有 30 厘米的斜直腹筒形罐，口沿之上再附加一周凸泥带，带上戳压窝点纹，带下到近器底的整个罐体饰满规整的横排水波纹。尤其是俯视两个筒形罐上的鱼鳞纹和水波纹，浓浓的生活气息扑面而来。（图 3.16）

---

1 郭明：《牛河梁遗址红山文化晚期社会的构成》，社会科学文献出版社，2019 年。

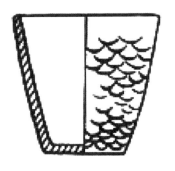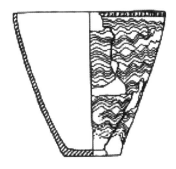

图 3.16　鱼鳞纹和水波纹

（引自：刘国祥，《红山文化研究》，科学出版社，2015 年。）

红山文化陶器器底的造型最为普通，平底器占绝大部分，一定数量的圈足器也极为平凡，但红山文化三足罐的三足却极有艺术审美特征。红山文化仅见两件三足罐，一件出土于哈民忙哈遗址的房址，一件采集自杜力营子遗址。三足罐的造型似鼎而非鼎，尤其是哈民忙哈遗址出土的三足罐，足呈扁弧形，是很像花瓣的器足。两件三足罐都在口沿下，近上腹部的位置设一对对称的桥形耳，主体纹饰均采用传统的之字纹。杜力营子遗址的三足罐，由于罐体相对较高，约有 19 厘米，在桥形耳的位置附加上 3 周指甲纹泥条，耳下再施 3 排细密规整的横排弧线之字纹。喜爱用麻点纹修饰各种陶器的哈民忙哈遗址的三足罐，罐体相对较矮，仅高 9 厘米，主体纹饰是从口沿下就开始刻画的细密横排直线形之字纹，矮小的三足罐上竟然连续排列了 5 排。（图 17）

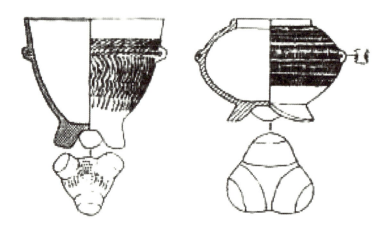

1. 杜力营子遗址出土的三足罐　2. 哈民遗址出土的三足罐

图 3.17　红山文化筒形罐上的鱼鳞纹和水波纹

（引自：刘国祥，《红山文化研究》，科学出版社，2015 年。）

红山文化的各类压印纹、刻画纹、戳印纹、附加堆纹既体现出对兴隆洼文化、赵宝沟文化的继承，又具有自身特色。之字纹的有序排列和整体布局的巧妙设计，成组的刻画纹虽零散却极具画面感。红山先民利用垂线、折线和曲线的延伸给人视觉上的强烈动感，形成动与静的绝妙组合，看似简单，却意趣横生。

四、追本溯源

北京大学考古文博学院教授赵辉指出："在判断一些事物的性质、属性时，尽量首先从日常生活寻求原因，如果实在从实用功能、技术等角度求之不得，再考虑其是否具有信仰、宗教、祭祀等方面的内容。"[1]

1　赵辉：《从"崧泽风格"到"良渚模式"》，《权力与信仰：良渚遗址群考古特展》，文物出版社，2015 年。

西辽河流域从兴隆洼文化开始，筒形罐的三段式装饰布局可以清楚看到陶器器体图案的来源，主要是模仿篮筐的造型，尤其篮筐的口部因经常搬动而常会特意加固。兴隆洼文化筒形罐的口沿部位本就厚重，却仍在其外再贴附一周凸泥带，这种刻意加固的手法是为了口部不会轻易与罐体分离，也有刻意模仿篮筐制作的可能。

红山文化的基本纹饰单元多是线段或简单的几何图案，而这些图案多是篮筐的柳条在经纬相交中形成的各种图案。不论是之字纹还是更简单的刻画纹，都是在模仿与创新过程中被抽象出来的最简造型。这些线条或图案简单易学且蕴含丰富的视觉美感，还最能适应器物的各部分形状，不论陶器造型是鼓凸还是向内收缩，运用不同装饰花纹，都会使器物产生一种优美的格调。

第四章　炫彩之陶

　　彩陶是在陶器表面绘制上各种图案，然后入窑烧制后所形成的陶器。我国的先民们在新石器时代早期开始制造并使用彩陶，如大地湾文化遗址，之后彩陶器开始广泛流行。彩陶的出现是人们对制陶技术掌握得比较成熟的产物，也是人们审美发展的产物，红山文化彩陶也是在这种背景下应运而生的。红山文化陶器的种类丰富，其中尤其以彩陶最为醒目，通常是以泥质红陶为底，用红彩或黑彩绘制各种图案之后进行烧制，成形的器物兼具美观与实用性。红山文化彩陶分布于各地红山文化时期的遗址中，图案类型多样，体现了先民对美的追求，也反映了红山文化与周边其他文化的交流与影响。施加颜料的陶器主要有钵、瓮、罐、筒形器等。陶器是史前社会中人们重要的生活物资，不同时期、不同文化人群对陶器的制作都有自己的特点，这是区别史前时期考古学文化的重要依据。

一、彩陶的发现

　　红山文化的发展经历了兴起、兴盛到衰落的漫长发展阶段，在其发展过程中形成了稳定的分布区域，为我们留下了大量的带有典型红山文化特色的遗存。数量众多的红山文化遗址广布于北起西拉木沦河、南达凌河的大片地区，在这些分布区内，由于不同的地形、地貌与自然环境，使得生活在各个区域内的红山人在文化特征上也有着些许的区别，因此按地域将红山文化遗存分为几个不同的类型，以利于对红山文化彩陶进行更加细致深入的研究。

魏家窝铺类型

红山文化魏家窝铺类型主要分布于老哈河的上游，也包括支流英金河等区域，典型遗址有红山后遗址、魏家窝铺遗址、蜘蛛山遗址等。

1. 西水泉遗址

遗址位于召苏河与阴河之间的土岗处，这两条河均注入英金河。发现有半地穴式房址和大量遗物。

彩陶种类有钵、小口罐、敛口罐和盆。西水泉遗址的钵类器为器表磨光，少数器物的口沿处施加黑彩或绘制红色彩的纹饰，器形较多的为红口灰腹的"红顶钵"，其他钵有的口部施加红彩或黑彩。瓮的器形较大，多为敛口平底，器表多饰红彩或者黑彩。纹饰种类有直线、斜线和竖线组成的线纹，还有三角形纹、三角涡纹加钩形纹。

2. 蜘蛛山遗址

在赤峰市区西北部，阴河与锡伯河在此处汇聚流入英金河，向东流入老哈河，遗址地处阴河与锡伯河的交汇处、英金河南岸蜘蛛山的山岗上。红山文化遗存只分布于遗址的西部，没有发现遗迹现象。出土的陶片中有一半都为泥质红陶，其中的带彩陶片多数施加黑彩，也发现了少量的紫彩，图案有平行斜线三角纹、垂弧纹等。

3. 三道湾子遗址

位于赤峰市敖汉旗小河沿公社三道湾子村，地处老哈河的东岸，在灰坑中清理出红山文化遗物。灰坑中埋藏的陶片主要是彩陶和其他纹饰的泥质红陶，有的器表涂着红陶衣，钵与碗的口沿处为红色或橘黄色，下部为黑色；彩陶器均为红底黑彩，器物的种类有钵、罐、盆、碗等。

4. 赤峰红山后遗址

位于赤峰市东郊的一处红色山峰脚下，20世纪二三十年代发现了一批红山文化时期的彩陶器，器物的种类包括钵、罐、壶、瓮等。

5. 元宝山哈喇海沟遗址

位于英金河与老哈河交汇的三角地带，在南向坡地处，发现房址、灰坑和大量遗物。[1]

6. 宁城包古鲁遗址

1991年10月发掘，位于天义镇西北11千米处，老哈河在附近流过，发现有随葬彩陶器的小型石棺墓。此外还有带篮纹的早期夏家店下层文化遗址和夏家店上层文化平民墓葬。[2]

7. 调查遗址

在敖汉旗蚌河下游：发现了二十余处红山文化时期的遗址和遗物。[3]

阴河康家湾遗址：位于初头朗的三座店库区，采集到红山文

1 内蒙古文物考古研究所、赤峰市博物馆：《元宝山哈喇海沟新石器时代遗址发掘报告》，《内蒙古文物考古》，2008年第1期。

2 齐晓光：《宁城县包古县红山文化至辽代墓葬和遗址》，《中国考古学年鉴》。

3 中国社会科学院考古研究所内蒙古工作队、内蒙古自治区敖汉旗博物馆：《内蒙古敖汉旗蚌河、老虎山河流域新石器时代遗址调查简报》，《考古》，2005年第3期。

化时期遗物。

喀喇沁旗积石冢遗址：调查遗址位于锡伯河沿岸，遗迹为积石冢，采集到大量遗物。[1]

双水泉遗址：位于河北省围场县一阴河支流附近，分布有红山文化遗存。[2]

从属于魏家窝铺类型的红山文化遗址中出土彩陶情况来看，彩陶器物在各遗址均有普遍分布，器物种类有钵、小口罐、瓮和盆，在祭祀类遗址中还发现有彩陶筒形器。纹饰种类以横向、竖向及斜向排列的成组平行线为主，还有色块组成的菱形纹和少量三角纹，以及垂弧纹、钩形纹、鳞纹等曲线状纹饰，还有上述纹饰形成的组合纹饰。

那斯台类型

1. 巴林右旗那斯台遗址

位于西拉木伦河支流查干木伦河的西岸，是一处高台地，有房址、灰坑和窑址。遗址中有大量的纹饰丰富的彩陶器，陶质有泥质红陶，也有夹细砂的红陶，还有少量泥质灰陶。多器表磨光，然后施彩，多为黑彩，偶有紫红色彩。纹饰种类包括斜平行线、菱形纹、三角形纹、竖线纹、弧线纹、鳞纹、三角涡纹、条带状花纹、"3"字形符号纹等。[3]

2. 巴林右旗古日古勒台遗址

位于古日古勒台河中游的西岸，不远处即与查干木伦河交汇，

1　李凤举：《内蒙古喀喇沁旗红山文化积石冢调查简报》，《北方文物》，2013 年第 1 期。

2　张守义、彭立平：《围场县双水泉遗址调查简报》，《文物春秋》，1999年第 2 期。

3　巴林右旗博物馆：《内蒙古巴林右旗那斯台遗址调查》，《考古》。

流入西拉木伦河。遗址地处二级台地上，发现有房址、灰坑和遗物。[1]

3. 巴林右旗查干诺尔遗址

调查遗址均位于西拉木伦河北岸的平坦开阔地带，仅在转山子遗址的一处房址发现少量彩陶。[2]

4. 海金山遗址

位于西拉木伦河北岸的山坡上，采集到的彩陶片均为泥质红陶，施黑色彩，图案有平行纹、涡纹、菱形纹、斜线纹和方格纹等，器类有钵、盆、小口罐、折腹罐、瓮等。[3]

5. 白音长汗遗址

位于林西县的西拉木伦河北岸，白音长汗遗址的第四期为红山文化遗存，彩陶的数量较少，有红彩和黑彩，纹饰有平行横线、平行竖线和平行弧线等，一般装饰于钵、盆类器物上。经分析，带红彩的陶器较早，相当于西水泉类型，属于红山文化中期；其次是黑彩平行或交叉直线条带纹，最后是黑彩弧形条带纹，个别的有直线条带组成的图案，三种类型早晚相继出现。[4]

此类型的红山文化遗存主要分布于西拉木伦河流域，遗址数量较多，分布也较普遍，但是发现含有彩陶器的遗址数量较少，唯有那斯台遗址中的彩陶器种类多且纹饰丰富。那斯台遗址属于红山文化早期的遗址，可以看出，当时的陶器上已经具备了纹饰丰富的图案。

1　巴林右旗博物馆：《巴林右旗古日古勒台新石器时代遗址调查简报》。

2　内蒙古文物考古研究所、赤峰博物馆、巴林右旗博物馆：《查干诺尔新石器时代遗址调查简报》。

3　辽宁省博物馆文物工作队：《内蒙古翁牛特旗两处新石器时代遗址》。

4　内蒙古自治区文物考古研究所：《白音长汗：新石器时代遗址发掘报告》，科学出版社，2004 年。

哈民忙哈类型

1. 叶茂台遗址、羊泉遗址、王家店遗址

位于一处台地上，发现的彩陶片为夹砂红褐陶，发现的彩陶图案有平行带状纹、连续三角纹。[1]

2. 嘎查营子遗址

位于科右中旗的霍林河附近，已被风沙侵蚀，似乎有房址痕迹，有少量彩陶片。[2]

3. 哈民忙哈遗址

位于西辽河与新开河附近，遗址被埋在厚厚的风沙层下。2010年发现的施彩的陶片均为泥质红陶，表面似乎施有红陶衣，纹饰主要是条形的黑彩带，有的粗、有的细，有在两面施彩的现象。[3]在2011年的发掘中发现的彩陶片，也多为黑彩条带纹，一件房址中出土的陶片器表施加的是不规则的麻点纹，在内壁涂上了橘红色的图案。[4]在2012年发掘工作中发现有在器物的内壁施加红彩的现象，如F52：17的A型钵，是一件泥质黄褐陶器，在器物的外壁装饰着麻点纹，而在内壁为红彩的带状纹饰，用斜线分成十个区域，每个区域内填着简化的"鸭"形图案。[5]

1 许志国：《法库县几处新石器时代遗址调查》，《辽海文物学刊》，1996年第1期。

2 连吉林、朴春月：《内蒙古科右中旗嘎查营子遗址调查》，《北方文物》，2005年第1期。

3 内蒙古文物考古研究所、科左中旗文物管理所：《内蒙古科左中旗哈民忙哈新石器时代遗址2010年发掘简报》，《考古》，2012年第3期。

4 内蒙古文物考古研究所、吉林大学边疆考古研究中心：《内蒙古科左中旗哈民忙哈新石器时代遗址2011年的发掘》，《考古》，2012年第7期。

5 内蒙古文物考古研究所：《内蒙古科左中旗哈民忙哈新石器时代遗址2012年的发掘》，《考古》，2015年第10期。

4. 腰伯吐遗址

位于西辽河附近，发现有房址和灰坑，有少量彩陶的陶片，均为泥质红陶上绘简单线条的黑彩。[1]

5. 新艾力遗址

位于科左中旗的东南部，距离西辽河北岸约 2 千米处。发现了 8 片彩陶片，纹饰为弧线纹、平行直线纹和平行斜线纹。[2]

哈民忙哈类型红山文化遗址分布于内蒙古通辽一带，除了哈民忙哈遗址，其他遗址多为调查过程中发现，多数地处沙化现象较严重的地区，被风沙侵蚀或掩埋，遗迹现象不多，遗物数量也较少。所发现的陶器纹饰具有一定的地域特点，大量的麻点纹装饰。彩陶图案在其他类型遗址中均有发现，但是数量较多的是线状纹饰，且有在内壁施彩的现象。

牛河梁—兴隆沟类型

1. 杜力营子遗址

位于教来河流域，发现有房址，外有环壕。采集到 6 件红山文化时期的彩陶器，有钵、罐和瓮三种器形，有一件钵残片上有内、外均绘黑彩的现象。[3]

2. 七家遗址

位于玛尼罕乡孟克河附近，是一处单纯的环壕聚落遗址，发现有 10 座房址，62 座灰坑和一条灰沟，属于红山文化中晚期遗存。彩陶的数量不多，涂红陶衣，饰黑彩，纹饰种类有涡纹、平行竖

1 内蒙古自治区文物考古研究所、通辽市博物馆：《内蒙古通辽市腰伯吐遗址 2015 年发掘简报》，《北方文物》，2020 年第 5 期。

2 齐永贺：《内蒙古哲盟科左中旗新艾力的新石器时代遗址》，《考古》。

3 敖汉旗博物馆：《敖汉旗杜力营子新石器时代遗址调查简报》，《内蒙古文物考古》，2009 年第 2 期。

条带纹、平行横条带纹、平行斜条带纹、弧形条带纹、三角形条带纹，一般装饰在罐、钵的口沿以下或者腹部。[1]

3. 半拉山遗址

位于大凌河支流冲积处的一处低矮小山上，是一处墓地，清理墓葬78座、祭坛1座、祭祀坑29座，墓上有土冢，墓葬形制分为土坑、积石和石棺三种，分为早期和晚期。彩陶器出自晚期墓葬，均由黑彩绘制，纹饰有宽带纹、平行线内间饰勾连涡纹、大斜线三角折线纹、细平行线内填宽菱格纹等。墓地属于红山文化晚期遗存。[2]

4. 胡头沟遗址

该遗址是一处墓地，位于大凌河支流牤牛河的东岸。彩陶器均为筒形器，泥质红陶制成，饰黑彩，且只绘于半面器上，另半面素面，中间用竖线隔开。口沿下为压印线纹，在筒形器的下部绘彩，图案有勾连涡纹带、垂环形带和平行宽带等。压印的线纹有的与彩绘图案相似。[3]

5. 城子山遗址

位于大凌河流域，发现三座红山文化时期的墓葬，属于不同时期。陶器以筒形器和敛口罐的数量最多，此外还有瓮、钵、瓶、器座等。二层的器物与喀左东山嘴遗址的相近，晚于红山后遗址，

1　赤峰市博物馆、敖汉旗博物馆：《赤峰市敖汉旗七家红山文化遗址发掘报告》，《草原文物》，2015年第1期。

2　辽宁省文物考古研究所、朝阳市龙城区博物馆：《辽宁朝阳市半拉山红山文化墓地的发掘》，《考古》，2017年第2期。

3　方殿春、刘葆华：《辽宁阜新县胡头沟红山文化玉器墓的发现》，《文物》，1984年第6期。

属于红山文化的晚期。[1]

6. 牛河梁遗址

此处的文化堆积层有三层，分别代表了早晚的不同发展阶段，下层以灰坑为主，中层为带积石的墓葬和祭祀坑，上层为大石块砌筑的圆或方的积石冢和坛。下层的红顶钵数量最多，有纹饰的陶器数量也较多。中层同样是红陶衣上绘制黑彩，纹饰有平行斜线纹、勾连涡纹等。上层仅有泥质陶，为筒形器和彩陶罐，筒形器的纹饰有平行宽带纹、三角纹和勾连涡纹等。[2]

第二地点为一圆形祭坛周围排列五座积石冢墓，以四号冢面积最大，含六座墓葬。彩陶筒形器环绕于墓室周围，随葬品仅有带盖彩陶罐。[3]

女神庙平台东坡筒形器群遗址：位于女神庙平台周围的石墙处，遗存全部为无底筒形器残片，还有一处竖穴土坑墓。经统计，此处筒形器的数量百余件，形制基本相同，器表和颈内侧施红陶衣，个别有黑彩绘制的图案。[4]

从牛河梁遗址各地点所发现的彩陶器的图案来看，下层积石冢的筒形器图案只有勾连涡纹和钩形纹，而上层积石冢筒形器的图案又增加了各种几何形纹和垂弧纹，且普遍有多种图案组合共

---

1 李恭笃：《辽宁凌源县三官甸子城子山遗址试掘报告》，《考古》，1986年第6期。

2 辽宁省文物考古研究所：《辽宁凌源市牛河梁遗址第五地点1998—1999年度的发掘》，《考古》，2001年第8期。

3 辽宁省文物考古研究所：《辽宁牛河梁第二地点四号冢筒形器墓的发掘》，《文物》，1997年第8期。

4 华玉冰：《牛河梁女神庙平台东坡筒形器群遗存发掘简报》，《文物》，1994年第5期。

用的现象。[1] 通过对牛河梁遗址的分期发现，第一期彩陶图案主要是带斜线的钵类器。第二期带彩绘图案的器物增加了瓮、罐、器盖、塔形器等祭祀用品，图案种类也增加了勾连涡纹、三角纹等。第三期的彩陶用品数量大增，包括高矮不一的筒形器、罐、塔形器和盖盘等器类，图案也出现了垂弧纹、菱形纹等各种丰富的组合纹饰。筒形器在不同地点有不同的图案种类，似乎有带勾连涡纹加大斜线三角折线纹图案的筒形器规格较高的趋势。[2]

7. 东山嘴遗址

位于喀左县大城子镇，地处大凌河西岸，为石砌建筑址，发现一座房址和一具人骨。彩陶有通体彩绘和内壁绘彩的现象，还出现了部分精致的黑陶器物，涂朱和方格纹的出现也是红山文化的新现象。[3]

8. 西台类型遗址

遗址临近大凌河上游牤牛河，是一处集兴隆洼文化、红山文化、夏家店下层文化、夏家店上层文化至战国时期的遗址群。在红山文化房址周围有大围壕，此处的遗存属于红山文化中期，分为早、中、晚三段。从彩陶碎片看，由于火候不同，陶器的颜色深浅也有区别，当时的人们会根据不同的陶色施以不同颜色，如陶色较浅的橘色胎会配红彩或紫红色彩，陶色较深的红或深红胎则配黑彩。遗物中除了部分彩陶器，还在一处房址中发现了两件陶范和几件残缺的单件范。[4]

1　《牛河梁——红山文化遗址发掘报告（1983—2003年度）》，468页。

2　《牛河梁——红山文化遗址发掘报告（1983—2003年度）》，472页。

3　郭大顺、张克举：《辽宁省喀左县东山嘴红山文化建筑群址发掘简报》，《文物》，1984年第11期。

4　林秀贞、杨虎：《红山文化西台类型的发现与研究》，《考古学集刊第19集》。

9. 四棱山窑址

四棱山位于赤峰、敖汉、建平三地交汇处，窑址在半山腰处的黑土层中，有6座窑室。窑址中残留的陶片多数为夹砂质的钵形器和侈口器，彩陶的数量非常少，制作工艺较原始，纹饰也较简单。[1]

10. 朝阳小东山遗址

位于朝阳市柳城镇腰而营子村，遗址西部为一季节性河流小木头沟河，附近为凤凰山和青龙山。此地之前发现过红山文化时期的积石冢，夏家店下层文化遗址也非常密集。此处的新石器时代遗存包括10座房址、20个灰坑和1条灰沟，是一处聚落遗址，在不同遗迹中出土了少量彩陶器，绘制颜料有红彩和黑彩，图案包括斜线纹、折线三角纹和垂弧纹等。[2]

牛河梁—兴隆沟类型是红山文化遗存最为丰富的一个，发现遗址数量较多，除西台遗址有红山文化早期的遗存以外，以牛河梁遗址、东山嘴遗址为代表的均为红山文化晚期遗存。在上述晚期遗存中，多以积石冢为主体的祭祀类遗存，反映了红山文化晚期社会发展的特殊面貌。在这些祭祀遗存中，发现了大量的彩陶器物，如积石冢周围环绕摆放的筒形器，这些筒形器上的纹饰有黑彩宽带纹，多周勾连涡纹配菱形纹，还有不同造型的三角形纹等图案。除了筒形器，还有盖盘、塔形器、罐等祭祀用器。彩陶上所绘制的图案种类丰富，制作精美，体现了红山文化先民在绘画技艺上的高超水平。

1　李恭笃、高美璇：《内蒙古敖汉旗四棱山红山文化窑址》。

2　辽宁省文物考古研究所、朝阳市博物馆、朝阳县文物管理所：《朝阳小东山新石器至汉代遗址发掘报告》，《辽宁省道路建设考古报告集》（2003），辽宁民族出版社，2004年。

二、异彩纷呈的彩陶纹饰

彩陶纹饰的种类有具体的表意符号，也有抽象的图形，一方面是古人通过线条与图案的方式表达对自然界的认识，一方面是人们审美情趣与思维的抽象反映。通过对彩陶纹饰的分析与解读，可以了解古代先民所处的自然环境，同时在那样的环境中所形成的精神世界与文化内涵。红山文化的彩陶器种类以钵、罐、瓮和无底筒形器为主，还有少量的盆、盘、器座等器型。纹饰的种类主要有条带纹、竖线纹、斜线纹、折线纹等线条类图案，也有勾云纹、菱格纹、鸟涡纹、垂鳞纹、三角纹等色块类图案。通常彩陶器有的满器施加图案，也有的局部施加图案；有的器物上的图案为单一种类，有的为多种图案的组合，如上端为竖线纹，下端为条带纹等。图案风格流畅生动、一气呵成，很少见到落笔硬涩、涂覆修改的现象。

通过对各地所发现的红山文化遗址的统计，可以看出彩陶器的分布非常普遍，在居址中和祭祀类遗址中都有出土。纳彩陶器上的纹饰种类可以分为以下几种。

1. 宽带纹

多为黑彩，多施于钵类器的口沿下方，在筒形器的外壁常涂绘多条宽带纹。

西水泉遗址的Ⅰ式钵为平底、深腹，一道宽的黑彩涂饰在口部，占据了钵身几乎一半，下面是陶质本身的深红色。（图 4.1-1）红山后遗址的钵则是在口沿下方施加了两道较窄的黑彩。（图 4.1-2）

陶艺之光

1   2

图 4.1　宽带纹钵

1.西水泉遗址　2.红山后遗址

　　胡头沟遗址的宽带纹筒形器为泥质红陶，手制而成，器壁厚，外壁经过了压磨，显得光滑平整，内壁抹平后略加修整。器形为直筒状，圆唇较厚，折沿，腹部略鼓，无底。高度为 64 厘米，口径 37 厘米、底径 30 厘米；筒形器的上部装饰压印的平行纹，下部用黑彩绘了三条宽约 7 厘米的平行带状纹。（图 4.2-1）

　　牛河梁第二地点四号冢出土的是一件短筒形器，器形矮扁，高度仅有 12.6 厘米，小平沿，外唇方圆，器底的沿部起台，外壁绘了三道平行黑彩宽带纹。（图 4.2-2）

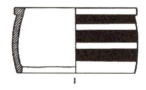

1   2

图 4.2　宽带纹筒形器

1.胡头沟遗址　2.牛河梁第二地点四号冢

2. 平行线纹

由宽度一致、间距一致的多条线组成，分为直平行线、斜平行线与竖平行线三种。此种纹饰常见于钵类器的口沿处，在一些地方出土的筒形器上也有此类纹饰。竖平行线多施于小口罐类器的口沿处。

（1）直平行线

西水泉遗址的 v 式钵器（图 4.3-1）形为直口，折腹，小平底；纹饰绘于钵的上部直壁处，由七道直平行线组成，平行线非绕器一周，而是纵向分为四组，平行线的一端较宽，至另一端渐收细，似一条细长的三角形。西台遗址的筒形器和几件钵上也装饰有同类纹饰。（图 4.3-2）

1　　　　　　　　　　　　　　　　2

图 4.3　直平行线纹
1.钵（西水泉遗址）　2.筒形器（西台遗址）

（2）斜平行线

斜平行线纹在钵器类上所见最多，西台遗址出土了三件同器形、同纹饰的浅腹钵，在口沿处都绘有斜平行线纹，线的上端呈粗圆头状，向下渐细，两线间距较宽，细条极细，也称"蝌蚪纹"或"幼鱼纹"（图4.4-1）。七家遗址也发现了同样纹饰的钵（图4.4-2）。在西水泉遗址的灰坑中出土一件小口罐，斜直颈，圆肩，腹部有一对竖桥形耳，在肩部饰有黑彩绘制的斜平行线纹，分成几组，每组由若干道斜线组成，每组平行线的倾斜角度有区别（图4.4-3）。

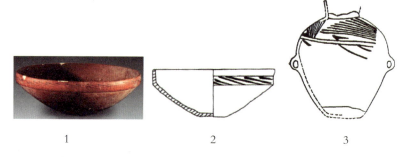

图 4.4　斜平行线

1.浅腹钵（西台遗址）　2.A型钵（七家遗址）

3.小口罐（西水泉遗址）

（3）竖平行线

竖平行线纹是由红彩或黑彩组成的竖向平行线，饰竖平行线纹饰的器类通常有盆、罐和瓮。

白音长汗红山文化时期地层出土了一件陶盆，泥质红陶中夹杂着细碎的石英颗粒，在口沿外侧用红色细条竖平行线做装饰（图4.5-1），西水泉遗址也出土了同样的陶盆。七家遗址的一件深腹罐（图4.5-2）则是在器身用黑色彩绘出较粗的竖平行条带，这件罐是由泥质陶烧制而成，呈红色，口较平微向外张，圆唇，深腹，平底，器表施红陶衣，显得光滑平整。

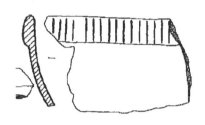 

1   2

图 4.5   竖平行线

1.A Ⅳ式陶盆（白音长汗遗址） 2.深腹罐（七家遗址）

3. 斜线三角纹

这种纹饰是由斜线排列的成组线条两两成一定角度组成，较早期遗址的斜线三角纹多绘制于钵与小罐的口沿或器身，至红山文化晚期，出现了极为规整的折线三角纹，多施加于筒形器上。

在牛河梁遗址的第五地点出有带斜线三角纹的钵数件，其中的一件（图 4.6-1）为微敞口，圆唇，口沿的外壁加厚，与腹部形成了折棱。纹饰是施加于口沿部位的，由 9—13 条斜平行线为一组，两组间呈一定角度交接，在交接处呈三角形，这样的单元共有四组。红山后遗址的钵（图 4.6-2）口部微敛，深腹，在钵的上半部饰有同类纹饰，用的是红彩。在杜力营子采集到的罐（图 4.6-3）为泥质红陶，圆唇，敛口，鼓腹，在腹部分布有桥形耳，斜线三角纹装饰于肩部，斜线的方向与前述两件器物上的相反，因此形成的三角形的方向也相反。

1   2   3

图 4.6　斜线三角纹

1. 钵（牛河梁遗址第五地点）　2. 钵（红山后遗址）

3. 罐（杜力营子遗址 AND）

　　绘有折线三角纹的陶器（图 4.7-1）主要发现于红山文化的晚期遗址，且多出现于祭祀类遗存。朝阳半拉山遗址即发现了此种纹饰，饰于筒形器上，同样是由多条平行线组成，且两组平行线呈一定角度交接，与斜线三角纹相比，折线三角纹交接角度较小，线条更平直、硬朗。在牛河梁第五地点出土的筒形器（图 4.7-2）上也常见此纹饰，筒形器为直壁，器表施加了红陶衣，再绘以折线纹黑彩，每组折线由 9 条线组成。

1   2

图 4.7　折线三角纹

1. A 型筒形罐（半拉山遗址）　2. 筒形器（牛河梁第五地点）

4. 三角形纹

　　这类纹饰较常见，三角形的形式也多有变化，有的呈竖排状的细三角形，类似于竖线纹，可称为交错三角纹，如西水泉遗址的一件敛口罐上所饰（图4.8）。在遗址中更多见到的是成行排列的各种三角形纹，排列方式有顶角相对的对角三角纹，也有直角三角形构成的直角三角纹，通常为黑彩部分与同样形状的不涂彩部分交错排列，成为整齐的行。绘有三角形图案的陶器也涵盖了彩陶的各种器类，包括罐、盆、筒形器和钵等。

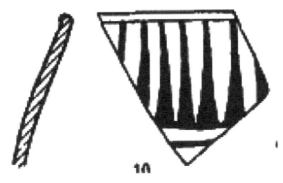

图4.8　交错三角纹敛口罐（西水泉遗址）

对顶三角纹是由黑彩绘制的多排倒置钝角三角形组成，其下方是同样形状的空白三角形，一黑一红形成对顶状。牛河梁第二地点二号冢出土的直腹筒形筒上布满对顶三角纹，底部以二周细横线为界（图4.9-1）；朝阳小东山遗址的钵上所饰对顶三角纹则是两个黑三角形与两个空白三角形分别对顶形成（图4.9-2）。

图 4.9 对顶三角纹

1.筒形罐（牛河梁第二地点二号冢） 2.A 型钵（朝阳小东山遗址）

直角三角纹是由黑彩绘成的直角三角形成排分布，与其斜边相对的是大小一致的空白直角三角形，两两组成一个矩形。牛河梁女神庙发现一件饰此纹饰的筒形器，领较短，口外移，口沿下有一道凸棱，下面绘有多排直角三角纹（图 4.10-1）。有的器物上的直角三角纹演变成了弧线三角纹，如东山嘴遗址的带流罐即为此例（图 4.10-2）。

图 4.10 直角三角纹

1.折领筒形器（牛河梁女神庙遗址） 2.带流罐（东山嘴遗址）

5. 菱形纹

菱形纹在红山文化时期使用较久，从早期的那斯台遗址到晚期的牛河梁遗址均有发现。较早的菱形纹为涂彩部分与不涂彩部分交错成行排列，两者的宽度相同；至晚期，则由较宽的黑彩为线斜向绘制，也形成菱形的形状，因此本文也将之归为菱形纹类。

三道湾子遗址出土的一件碗为直口、折腹、平底，在上半部分施加了三道菱形纹（图4.11-1）；那斯台遗址的双耳高领小口罐在腹部涂绘了多组不甚规整的菱形图案（图4.11-2）；牛河梁遗址的扁钵式筒形器饰以了同样的纹饰，另一件筒形器则是菱形图案间杂以平行线纹（图4.11-3、4）。

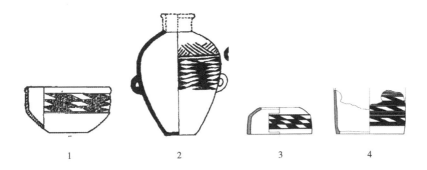

图 4.11　菱形纹
1. 碗（三道湾子遗址）　2. 双耳高领小口罐（巴林右旗那斯台遗址）
3. 扁钵式筒形器（牛河梁第二地点一号冢）
4. 筒形器（牛河梁第二地点一号冢）

6. 垂弧纹

由几组垂弧状纹饰分布于器身组成，此种纹饰的沿用时间也很悠久，从年代较早的那斯台遗址中即有发现。在一些遗址中发现有刻画的垂弧形纹饰，或许与此类纹饰有一定的关系。

蜘蛛山遗址的泥质红陶罐（图4.12-1）直口、方唇，平底略有内凹。器身图案由四组黑彩绘制的垂弧纹组成，每组中间有一条竖线，外面绕以六条弧线。其他遗址的垂弧纹基本也是类似的画法（图4.12-2、3）。

1   2   3

图4.12 垂弧纹
1.罐（蜘蛛山遗址） 2.罐（红山后遗址）
3.盆（小东山遗址）

7. 龙鳞纹

龙鳞纹在红山文化遗址中出土的数量很少，在西台遗址中出土了龙鳞纹与其他纹饰组合使用的图案。1980年在山西襄汾陶寺龙山文化时期的墓葬中出土的龙纹盘（图4.13）上所绘龙鳞纹与红山文化遗址中的龙鳞纹相似。

1   2

图4.13 龙鳞纹（左：红山后遗址 右：那斯台遗址）

8. 钩形纹

钩形纹是红山文化的典型彩陶纹饰，特征为横卧的钩形连续分布于器物周身。此类纹饰在属于红山文化早期的西台遗址中已很常见。

单独装饰钩形纹的陶器数量不多，红山后遗址出有钵（图4.14-1），其他地方发现的多为筒形器。城子山遗址和牛河梁遗址分别出土了多件不同形制的钩形纹筒形器，有的筒形器上细下粗，较宽的口沿向外折，腹部略鼓，器底向内收，下沿外撇，器身绘有四道钩形纹（图4.14-2），有的则是六道钩形纹（图4.14-3），都呈钩尖相对的状态。

1   2   3

图 4.14　钩形纹
1. 钵（红山后遗址）　2. 无底筒形器（城子山遗址）
3. 筒形器（牛河梁遗址第十六地点）

9. 勾连涡纹

勾连涡纹是红山文化时期的代表性纹饰，多装饰于大型器物，如瓮、罐的器身，往往满身皆绘彩。在牛河梁祭祀遗址中出土了数量较多的带有勾连涡纹的器物。

勾连涡纹图案非常有特点，以黑彩看，是由两个相互钩住的钩形构成，观察黑彩间的空白处，则是由空白宽线条回旋缠绕不断所构成的连续线，构图严谨整齐，又富于流畅的动感，体现了红山先民对美的独特感受。位于科左中旗的新艾力遗址出土的彩陶片均为夹砂红陶，一件钵上饰有勾连涡纹（图4.15-1）。牛河梁第二地点的筒形器上下口均内收，腹部略向外鼓，在器表施加了红陶衣，所饰勾连涡纹为四周，满布器身（图4.15-2）。同地点墓葬出土的盖罐为泥质红陶，敛口鼓腹状，在腹上部一对竖桥状耳；口沿下绘有四道平行黑线弦纹，再下方为三周勾连涡纹（图4.15-3）。与大多数纹饰不同的是，勾连涡纹为黑彩间留白所形成的图案。

1   2   3

图 4.15　勾连涡纹
1.钵（科左中旗新艾力遗址）　2.筒形器（牛河梁第二地点四号冢）
3.盖罐（牛河梁第二地点四号冢）

10. 组合纹

在各地发现的红山文化遗址中的彩陶器，除了单纯的纹饰种类以外，还有大量的陶器上装饰着不同种图案形成的组合纹饰。这些组合纹饰在构图上布局合理，往往是线条类与色块类纹饰搭配使用，使整个图案看起来疏密有致。组合纹饰不仅是在晚期的牛河梁遗址中颇为流行，其实在红山文化早期遗址中就已经出现了。

敖汉七家遗址出土了一件泥质红陶的双耳罐（图 4.16-1），口部平齐、鼓腹、平底，肩部一对桥状耳，这件小罐先在器表施红陶衣，然后用黑色彩在口沿下绘斜线三角纹，其下又绘制了三周钩形纹，两种图案一密一疏，让这件罐显得器形非常饱满。

胡头沟遗址的一件筒形器（图 4.16-2），在口沿处压印了数道弦纹，紧随其下的是单线条的勾连涡纹，首尾相连，绕器一周。而器身下段的大部分则饰以垂弧纹，共有三组。筒形器的上段横向舒展的纹饰与下段纵向拉伸的纹饰，使器身既显得高大庄严，又不失灵动感。

牛河梁遗址第五地点的彩陶罐（图 4.16-3）呈长圆形，折肩，鼓腹，肩与腹部间有一条棱线形成明显的分界，腹部靠下方有一对桥形耳，平底。罐身涂红陶衣，纹饰分为三组，最上部为环绕器身的平行横线纹，间以平行短斜线，空白处图案则形成了菱形；中间的纹饰为黑彩底上留白形成的勾连涡纹，共有三周；第三组纹饰在最下端器耳的位置，是单周的钩形纹。纹饰几乎满布器身，不同风格的三种纹饰在一件器物上有机结合，既有大面积的主体纹饰，又有搭配的纹饰，不失为一件彩陶器中的精品。

西台遗址的纹饰组合则是另有特点。一件钵器形为微敞口，直壁、深腹、平底，图案是由红彩绘制而成，一种是平行直线纹，一种是红彩与空白处组成的阴阳方格纹，图案简洁，且几何化风格明显。在壕沟中出土一件带组合纹饰的小口瓮（图 4.16-4），尖圆唇、小口、鼓腹，肩部带两个对称的桥状耳，图案有两种，上端只保留了两周龙鳞纹，下部分满器腹施加了一种独特的纹饰，是在黑彩的底上，以留白的方式形成了与黑彩交错的纹饰，留白处的形状一头尖、一头圆，像一条条游动的鱼。类似的组合图案在西台遗址中大量发现，有竖平行线与符号的组合，有直平行线与勾连涡纹的组合等等（图 4.16-5）。

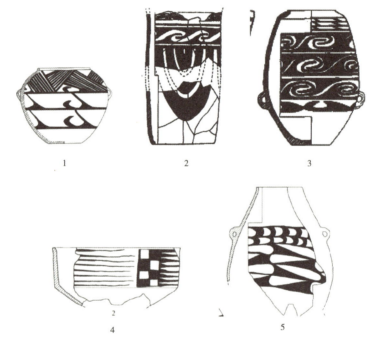

图 4.16　组合纹

1. 双耳罐（敖汉七家遗址）　2. 筒形器（胡头沟遗址）

3. 罐（牛河梁第五点）　4. 钵（西台遗址）

5. 小口瓮（西台遗址）

11. 其他纹

列入其他纹的部分，可以分为两种情况，一种是图案不够完整，不能辨识出是何种纹饰；另一种情况是不能归入前述所列纹饰种类中的新型纹饰，多数都以两种或三种纹饰组合的形式出现。

　　在一些遗址中发现了几种状如符号的纹饰，与常见的线条纹或几何块状纹有着明显的区别。如那斯台遗址发现有一种形如"3"的符号，在器身上排列一周，西台遗址的陶器残片上也见到了类似的纹饰，同时还有"十"字形的符号。哈民忙哈遗址的一件彩陶钵的内壁绘制了"2"或"Z"形符号，施用的是红彩，类似纹饰在西台遗址的瓮上也有发现。（图 4.17）

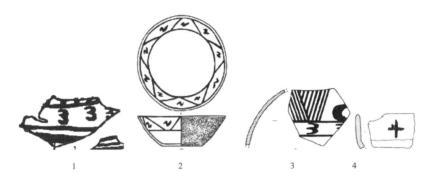

图 4.17　符号纹
1. 陶片（那斯台遗址）　　2. 钵（哈民忙哈遗址）
3. 敛口瓮（西台遗址）　　4. 陶片（西台遗址）

　　红山文化彩陶上不乏曲线构成的纹饰，如勾连涡纹，呈连续的排列方式绕器表一周，其他弧线状纹饰则比较少见。在西台遗址出土的几件陶瓮上发现了一种花瓣纹，由半圆形或圆形的花瓣两两相对组合而成，显得较为特别；前者是由黑彩所绘的花瓣，后者是由黑彩绘成弧三角形，中间的留白处形成花瓣。（图 4.18）

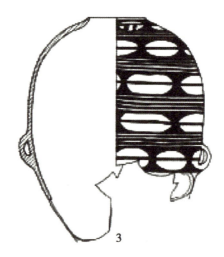

17

3

1

2

图 4.18　花瓣纹

1. 瓮（西台遗址）　2. 瓮（西台遗址）

　　同样由曲线构成的纹饰还有月牙纹，发现于红山后遗址与牛河梁遗址第五地点。红山后遗址的月牙纹饰于一件器物的肩腹部，至少有两周，中间以细线作为分界，月牙形纹填充于两线之间，相隔距离较远。牛河梁遗址第五地点的钵为直壁较高，下腹部斜直向内外，平底；器表涂红陶衣，上半部纹饰是由黑彩与空白处交错分布的细长三角纹组成，下半部则是 5 个黑彩月牙形纹饰均匀分布于钵的一周（图 4.19）。

图 4.19　月牙纹

1.陶片（红山后遗址）　　2.钵（牛河梁第五地点）

　　红山文化彩陶延续时间久，分布范围广，在各处的红山文化遗址中都有发现，同一种纹饰也经常见于不同的遗址中，可见当时陶器的生产已经达到一定程度的标准化，使得各地所见纹饰有着高度的一致性。然而也有个别器物上的纹饰是在传统纹饰的基础上进行了变形或者创新，使其具有了新的特点，不过这类纹饰并没有流行开，只在少数地方发现。

　　牛河梁遗址的筒形器（图 4.20-1）器身较瘦长，敛口，斜折沿，腹部略向外鼓，底微向外撇，底与腹部相交接的部位向内凹形成槽；器表施加红陶衣，绘以 5 周的变形钩形纹。与常见钩形纹的区别在于末端有所不同，常见钩形纹的尾端平直，与下一组钩形以直线相连，此种变形钩形纹的尾端则是呈分叉状，下方的分支延伸至下一个钩形并与其相连。

　　牛河梁遗址的瓮形器（图 4.20-2）是由泥质红陶制成，器形为敛口、短沿，广肩，圆鼓腹，平底，靠下腹部一对竖桥形耳；器表施红陶衣，口沿下至器耳处绘有纹饰，是由上至下逐渐加粗的横线上填以间隔相等的倾斜线；倾斜线由横线分支形成，底部粗、上端较窄，似乎为钩形纹的变体。

敖汉杜力营子采集的一件陶瓮残片为泥质红陶，器表施红陶衣，并经磨光；残片为腹部，器壁较薄，弧腹，带一桥状耳；腹部以上的纹饰为宽线几何纹间填以"F"形纹。牛河梁女神庙北室墙壁上绘有图案，在略起弧度的墙表面用红色彩绘宽折线直角勾连纹。这两种几何纹都是在一些圆弧状纹，如钩形纹、勾连纹的基础上进行变形所形成。（图 4.20-3、4）

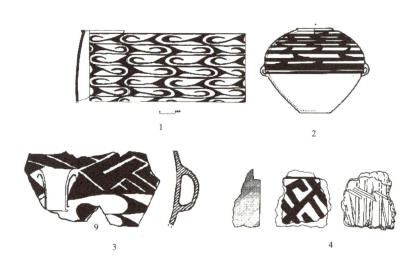

图 4.20　变形纹
1. 筒形器（牛河梁遗址）　2. 瓮（牛河梁遗址）
3. 瓮（杜力营子遗址）　　4. 墙壁（牛河梁女神庙）

异彩纷呈的红山文化彩陶纹饰向我们展示了古代先民的审美情趣与工艺水平，在与自然界长期和谐发展的过程中创造出了种类各异的精美纹饰。红山文化彩陶的纹饰风格写实性的较少，多数皆为对具象事物的高度概括与归纳，是红山人丰富精神世界的最直观表现。

三、彩陶之路

彩陶器的出现是人们审美意识进步的体现，也是技术进步的体现。红山文化时期正处于我国新石器时代中期，在本地的文化谱系中经历了开始使用玉器的兴隆洼文化，以及陶器纹饰丰富的赵宝沟文化阶段。与同时期其他地区相比较，此时的仰韶文化正兴盛于红山文化以南的广大区域内。在红山文化发展过程中，既继承了本地早期文化的大量元素，又受到了来自周边文化的影响，形成了具有自身文化特征的一支新石器时代文化。

苏秉琦先生曾指出，红山文化彩陶只有当它有若干成套的纹饰，有演变过程，才具有红山文化的特征。概括红山文化的特征，在研究器物组合的时候，要选择典型器物，而针对彩陶，则是注意观察彩陶纹饰的变化过程，并进行对比研究。郭大顺先生说：红山文化的彩陶比较典型地反映着该文化在形成和发展过程中既继承当地文化的传统又接受周围文化先进因素的过程。因此对红山文化彩陶的研究首先要研究的是纹饰，通过纹饰造型特点，与器物的组合特点，探讨与其他文化的交流关系。

苏秉琦先生考古学文化区系类型的理论想要表达的是"为探索十亿中国人，56 个民族是如何凝聚在一起的"学术目标，探讨北方地区与中原地区的关系，探索中华文明起源问题，文化的交汇是文明起源的一个原动力。从彩陶纹饰的角度能追溯红山文化与仰韶文化等中原文化的关系，本文也尝试从技术交流的角度探讨这种相关性。曾针对部分红山文化彩陶颜料进行了研究，与中原地区同期文化的彩陶在成分上具有一定的共性。

红山文化的彩陶也受仰韶文化的影响，同时也发现了来自西部文化的因素，例如棋盘格状的几何图案。

1. 与本地文化的关系

红山文化彩陶器的器类有钵、罐、瓮、盆、盘、筒形器等。其中钵在赵宝沟文化中既已流行，多为泥质灰陶或泥质红褐陶器，还未发现有彩陶器的出现，红山文化时期的钵主要是泥质红陶钵，陶质细腻，制作规整，从器型上无疑是继承了之前文化的传统，又体现了工艺上的进步。

红山文化彩陶纹饰的种类可分为线条类纹饰与色块类纹饰，线条类纹饰又分为直线条与曲线条，不同线条亦有宽窄的区别。从人类对世界的认知发展程度来看，早期倾向于使用简单的线条来表达对外界的认知与想象，其次出现结构较复杂的图案，然后是使用各种组合图案来表达人们的审美情趣与认识水平。红山文化彩陶纹饰中有一部分能在其他陶器上找到相类似者，如属于典型红山文化特征的垂弧纹与钩形纹。

垂弧纹是红山文化彩陶上的典型纹饰，特点是在长腹的罐、瓮、筒形器的口沿至器腹处，用彩色颜料绘出垂弧状纹饰，也有的学者将之称为龙纹，认为对后世的龙形造型有一定的影响，是中华早期文明的一个特征。此种纹饰在赤峰西水泉遗址出土的罐（图4.21-1）与西台遗址的（图4.21-2）[1]都有相似的三层半环形刻画纹饰，在内蒙古林西县井沟子西梁遗址也出土了相似纹饰的陶

1　林秀贞、杨虎：《红山文化西台类型的发现与研究》，《考古学集刊第19集》。

罐，这个遗存的年代与兴隆洼文化晚期相当[1]，可见这种垂弧纹是来自于本地早期文化的传承，最初以刻画的形式装饰在陶罐上，到了红山文化时期，人们掌握了彩陶器的制作工艺后，将之用黑色或红色颜料绘制于涂过红陶衣的、色彩艳丽的泥质红陶器上，既有着强烈的视觉效果，又体现了古人对文化的继承与发扬。

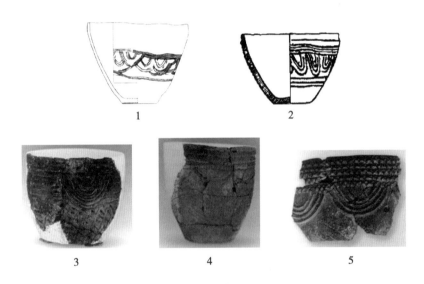

图 4.21　垂弧纹
1. 罐（西台遗址）　2. 罐（西水泉遗址）
3. Ba 筒形罐（西梁遗址）　4. Ac 型筒形罐（西梁遗址）
5. 筒形罐（西梁遗址）

　　在赵宝沟文化遗址中还发现有类似于龙鳞纹的图案。在对地处教来河流域的敖汉杜力营子遗址进行调查期间采集到一件罐（图4.22），为夹砂黄褐陶，内壁呈黑灰色且经磨光；筒形，圆唇直口，

1　内蒙古自治区文物考古研究所、吉林大学边疆考古研究中心：《西拉木伦河流域先秦时期遗址调查与试掘》，科学出版社，2010年，103页。

器壁斜直略外弧，平底微内凹；通体饰横向指抹纹，为陶器未干时以手指抹成，三指为一组，上下共五排，抹成的鱼鳞状纹交错排列。此种纹饰与红山后遗址、西台遗址等地发现的彩陶器上的龙鳞纹在造型上有着一定的相似性，也具有红山文化时期弧形纹的早期形态。

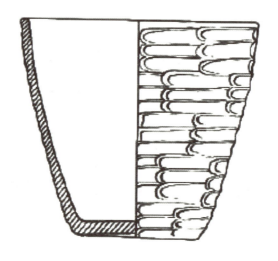

图 4.22　B 型罐（杜力营子遗址）[1]

在罐、瓮、筒形器等陶器上装饰着另一种属于红山文化的特有纹饰，即钩形纹，其突出特征是一个倒卧的钩形，两侧以直线条与其他钩形相连，形成二方连续式图案，在陶器上通常由口沿至器腹分布四至六道二方连续的钩形纹。钩形纹图案（图 4.23）的绘制整齐美观、排列有序、疏密有致，是古代先民审美能力达到一定水平的反映。此种钩的形状也多见于红山文化最典型的勾

1　敖汉旗博物馆：《敖汉旗杜力营子新石器时代遗址调查简报》，《内蒙古文物考古》，2009 年第 2 期。

云纹玉器上，勾云纹造型被认为是人们对自然界中云的形状的一种简化，动感十足。而绘制钩形纹的彩陶器多出现于一些祭祀遗址，同勾云形玉佩一样，是具有一定身份地位者才能拥有的物品，因此将弯钩的形状绘于彩陶器上，也一定是有着某种寓意。

图 4.23　勾形纹（牛河梁遗址）

2. 与周边文化的关系

目前我国发现最早使用彩陶器的是裴李岗文化与老官台文化，如陕西临潼白家村遗址中，在一些圜底钵和三足钵的口沿处绘一圈红彩，遗址的年代不晚于距今 7000 年。[1] 至零口二期遗存中，开始出现了后期广为流行的"红顶钵"，即磨光的泥质陶钵口沿处为红色，腹部以下为灰色，在红山文化的陶钵中也能见到此种器物。零口二期遗存晚于老官台文化，早于仰韶文化的半坡类型，此外与庙底沟类型也有一定的渊源。[2] 在零口二期类型的彩陶器上装饰有折线纹和三角纹，在后期的文化中都有所传承。

与仰韶文化半坡类型的关系：仰韶文化是黄河中游地区的一

1　王仁湘：《陕西临潼白家村新石器时代遗址发掘简报》，《考古》，1984年第 11 期。

2　陕西省考古研究所：《陕西临潼零口遗址第二期遗存发掘简报》，《考古与文物》，1999 年第 6 期。

种重要的新石器时代文化，具有丰富的文化内涵，分布区域广泛，对其他文化的影响也十分深远。仰韶文化与红山文化作为我国古代两支重要的彩陶文化，在彩陶器的类型与纹饰上都存在一定的交流影响关系。在半坡类型遗址中常见的陶器色泽纯正、质地细腻的泥质红陶，彩绘颜料有少量红彩，更多的是使用黑彩，有的绘于外壁，有的绘于内壁。绘于外壁的图案有各种几何形状，如三角纹、折线纹和宽带纹等。彩陶器的类型有钵、盆、尖底器、盂、壶等，个别器盖、罐和瓶也施彩，钵、碗、器盖类器物施彩的部位在口沿，盆的施彩部位在唇沿、腹上部，也有在内壁施彩的，而尖状器往往通身施彩，如一件尖状器表面装饰的黑彩波折纹半坡类型彩陶上的常见纹饰有宽带纹、三角纹、锯齿纹、直线和斜线纹、网状纹等，其中的三角纹有上、下相对等腰三角形，有并排排列的直角三角形（图 4.24）。在山西芮城东庄村遗址中出土了大量带有三角纹的彩陶器，均为直角三角形组成的连续性图案，

图 4.24　三角纹
（左：半坡遗址　右：宝鸡北首岭Ⅱ式尖底器）

此遗址属于仰韶文化早期的半坡类型遗存。[1]三角纹在仰韶文化中是由鱼纹演变简化而成，而在红山文化中的同类纹饰与鱼的关系似乎相去甚远（图4.25）。

图 4.25　山西芮城东庄村遗址彩陶与图案

　　仰韶文化半坡类型的彩陶器都是将颜料直接绘制于陶器上，在一些浅腹盆的内壁也绘有图案，彩陶器上的纹饰多是由直线条构成，弯曲的线条则较少，使构图显得很整齐。红山文化的陶器通常施以光滑的红陶衣，再施彩绘。两者的彩陶器器型也有一定的区别，除了都有钵类器以外，其他的彩陶载体似乎不甚相同。[2]

　　与仰韶文化后冈类型的关系：红山文化陶器中有些器物和彩陶图案与仰韶文化接近。在大量遗址中均发现的上红下灰式"红顶钵"与中原地区的后冈类型中同类出土物相似；还有彩陶图案中的斜线三角纹，在安阳后冈遗址中出土了同类图案的陶钵。[3]这里彩陶的数量很少，约为陶片总数的百分之一，绘彩所用颜料绝大多数为红彩，少量黑彩；纹饰种类有，黑彩宽带纹（钵）、竖平行线纹（四道或六道为一组）（钵）、斜线三角纹（与划纹一样）

　　1　中国科学院考古研究所山西工作队：《山西芮城东庄村和西王村遗址的发掘》，《考古学报》，1973年第1期。

　　2　严文明：《论半坡类型和庙底沟类型》，《考古与文物》，1980年第1期。

　　3　中国科学院考古研究所安阳发掘队：《1971年安阳后冈发掘简报》，《考古》，1972年第3期。

（钵）、菱形网纹（钵或罐）、宽条曲折纹（罐的肩部），同心圆和横竖平行线交叉组成的纹。后冈类型与半坡类型的大部分陶器相似，但是红顶碗在半坡类型中没有，彩陶图案也完全不同。在河北分布着一种仰韶文化的南杨庄类型，与后冈类型较为接近；如正定南杨庄卧龙冈出土的陶片（图4.26）上就有与后冈遗址相似的斜线三角纹。[1] 这些现象似乎向我们指出了后冈一期文化与红山文化之间交流的内容与路线。

图 4.26　钵 H2：1（后冈遗址）

　　仰韶文化早期与红山文化之间交流与影响关系从上述部分彩陶纹饰的相似性可以了解，随着两个考古学文化的发展，彼此之间的交流方式又出现了新的特点。

　　大地湾二期文化距今 6500—6000 年，出土有花瓣纹彩陶器（图4.27），由两片约呈半圆形的花瓣形状组成，又向两侧展开成二

　　1　孟昭林：《河北正定县南杨庄卧龙冈彩陶文化遗址》，《文物参考资料》，1955 年第 11 期。

方连续状图案，类似图案在红山文化西台遗址中曾有出土。西台遗址中出土有两个近圆形相对组成的图案，在大地湾三期文化中出土有同类纹饰，大地湾三期文化处于仰韶文化的中期，是半坡类型向庙底沟类型的过渡阶段。

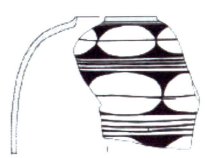

图 4.27　花瓣纹

（左：大地湾二期花瓣纹彩陶缸[1]　　右：西台遗址彩陶瓮）

红山文化的一些遗址中发现有带弧线状纹饰的彩陶器（图4.28），这也是仰韶文化发展到庙底沟阶段出现的新特点。在受庙底沟类型影响的太行山东、北麓的河北省中部与西北部地区发现的钓鱼台类型中也发现有同类纹饰题材。[2]红山文化的彩陶纹饰到了晚期发展为大量以勾连涡纹为代表的复杂构图方式，体现了红山人审美能力的进步，这类纹饰也影响到了黄河流域新石器时代后期的彩陶纹饰创作，如在马家窑文化中的类似图案即是例证。

1　王卓：《大地湾彩陶纹饰赏析》，《文物鉴定与鉴赏》，2018 年第 3 期。

2　巩启明：《略论仰韶文化彩陶的源流及其对周边史前文化彩陶的影响》，《史前研究》，2013 年。

图 4.28　弧线纹

（左：大地湾三期平底盆[1]　右：西台遗址）

　　红山文化对仰韶文化的吸收与借鉴在彩陶器与纹饰上表现得很明显，这不仅包括作为实用器的钵、罐类器，更有作为祭祀用器的一些器类。红山文化中晚期阶段的一些遗址中发现了大量的祭祀遗存，在这些祭祀遗存中，彩陶也是作为一种和祭祀有关的重要载体而出现的，它们往往有着特别的器型，同时装饰着特殊的纹饰，是当时人们精神活动的重要体现。在红山文化发展的各个阶段，都与周边地区的文化保持着密切的交流交往关系，形成了对彼此的认同与融合，为后期多元一体格局的形成奠定了良好的基础。

　　红山文化作为我国北方地区的一个新石器时代文化，形成了鲜明的风格与特色，在发展过程中，又与周边地区其他文化相互交流交往，吸收了彼此的文化因素融合与创新，使得史前时期各地的文化面貌既有个性又有共性，这种既独立又相融的交往方式一直传承下来，形成了中华民族丰富多彩的地域文化和统一的精神元素。

1　《秦安大地湾——新石器时代遗址发掘报告》。

第五章　陶器工艺

红山文化时期的陶器种类繁多，有泥质陶，也有夹砂陶，反映了当时的人们能利用不同的羼和料来改善陶器的性能。史前时期的陶器制作技术经过长期的摸索与积累，已经形成了一套完整的工艺流程。

一、原料的选取与制备

古代先民对盛装器物的认识来源于自然界，逐渐发现用土可以制成容器。制作陶器所用的土主要取材于聚落的周围，但是普遍分布于各地的普通黄土与水混合后成型效果并不理想，因为土壤中含有大量颗粒不等的砂石和杂物，很难聚合成团。人们在河边取水时发现，由于水位的涨落，河滩两岸常常有积累于底的淤泥露出，此种材料质地细腻，易于成型。自此人们认识到，经长久沉淀与淤积的泥土更适于制作陶器。随着陶器用量的增多，取材于天然的淤泥已经不能满足人们日益增长的需求，古人开始对土壤进行筛选、淘洗、沉淀，使这种土质与河边的淤泥具有同样的性能。

随着对自然环境中各种材料认识的加强，人们发现不增加任何材料的淤泥虽然质地细腻，但是烧久了容易开裂，而羼入了砂粒的那些却较耐久，人们又学会了往制作陶器的土中加入羼合料。不同地区的人们由于工艺传统和自然条件的区别，向陶土中加入的羼合料种类也有所区别。经观察，在红山文化陶器中，经常加入的羼合料有石英砂粒（云母）等，这些材料的加入，使陶器在材料上有了不同，因此可以分为泥质陶与夹砂陶。不同地区由于土质存在着区别，同时在烧制上也有不同的工艺，使得烧制出来的陶器在材料上会有所不同，如羼杂砂粒的程度，有的为夹细砂，有的则夹杂粗砂粒，还有的砂质成分更多（图5.1）。

图 5.1 夹砂陶（左）与泥质陶（右）

古代陶器在烧制过程中，为了增加陶土的耐热性，会向其中添加一些颗粒较大的材料。红山文化陶器中的羼和料有砂粒，砂粒主要是白色半透明的石英颗粒，大小不甚均匀，形状多不规整。也有部分陶器掺杂了云母粉，从器表看，有亮晶晶的效果，颇为美观。掺加何种羼和料与陶器的器型并无直接关系，主要是从当地所有的原料来考虑。云母的添加，不仅仅是具有美观的效果，其中含有的镁等成分会提高陶器的耐热性，使陶器能经受得住更高的烧制和使用温度。这种添加云母矿的传统，一直延续到了战国时期，范围也达到了燕山以南地区。

在不同红山文化遗址中泥质陶与夹砂陶的比例不同，有的遗址中夹砂陶数量多，如敖汉七家遗址、通辽哈民忙哈遗址等；而有的遗址中则是发现的泥质陶数量多，如西水泉遗址、蜘蛛山遗址等。西水泉遗址的陶器有泥质陶和夹砂陶两种，泥质陶的数量较多，都具有规整的器形，烧制火候也很高，陶质坚硬，器表光洁，陶色均匀。从陶土看，似乎经过刻意的淘洗，有的中间夹着小砂粒。陶色以灰色和红色为主，灰陶主要是口沿处为红色、腹部以下为灰色的"红顶"式，也有少量的黑灰色陶，同样是质地坚硬、色泽均匀一致。仅有极少量的泥质陶器，内壁为红褐色，外壁呈深灰色，质地较软，火候较低。西水泉遗址的夹砂陶多数为褐色，红陶非常少，与泥质陶相比，夹砂陶的火候较低，掺杂的砂粒颗粒较大，使器表显得比较粗糙，器物的内壁常为黑色，并经过了压磨，显得较为光滑，陶色不纯，有的褐色陶胎壁厚、温度低，质地疏松很容易破碎。[1]蜘蛛山的陶器从质地来看，以泥质红陶居多，往往超过半数。泥质陶的陶土是经过仔细淘洗的，泥质非常细腻，烧制的火候也较高，质地坚硬、陶色均匀，且表面经过了磨光处理，显得光滑平整。夹砂陶中有的器物泥质较粗糙，羼杂了较多的砂粒，有的陶器所加砂粒大小较均匀。[2]泥质陶和夹砂陶的器型不同，显然是有着不同的用途，可见当时的先民们能根据

1　中国社会科学院考古研究所内蒙古工作队：《赤峰西水泉红山文化遗址》，《考古学报》，1982 年第 2 期。

2　中国社会科学院考古研究所内蒙古工作队：《赤峰蜘蛛山遗址的发掘》，《考古学报》，1979 年第 2 期。

陶器的不同功能选取不同的用料。

哈民忙哈遗址的陶器绝大多数是砂质陶，陶质较细腻，有的陶泥中还添加了蚌壳碎屑。砂质陶质地很坚硬，但是烧制火候不均匀，使陶色呈现出斑驳的橘色或黄褐色，有的则为灰褐色，内外壁色泽也不相同。[1] 陶器的制法为泥圈套接而成，能看到明显的手制痕迹，个别的陶器似乎经过轮修。七家遗址出土的陶器虽然数量较多，但保存状况极差，均较破碎，器物种类除了生活用陶容器，还有少量的捏塑装饰物，以及生产工具纺轮。陶器均为手制而成，夹砂陶的数量占多数，火候普遍不高，胎壁厚重，质地疏松，为了防止露出过多砂粒，在内外壁涂抹了一薄层泥，但是涂抹得并不均匀，很多地方都露出了内胎；多数器物的内壁经压磨，相比外壁较为光滑；陶色不纯正，外壁多为深浅不一的褐色，内壁则呈黑色或者黑褐色。泥质陶的质地细腻而坚硬，烧制火候较高；胎壁较薄且厚度均匀，器表光滑平整，陶色也较一致，主要为红褐色。[2]

可以看出，红山文化不同时期以及不同地域的人们在制作和使用陶器的工艺与传统上也存在着一些区别，体现了不同的人群在生活方式上的差异性。

二、器物的成形与整理

古代陶器的成型技术从手制发展到轮制，经历了一个漫长的演变过程。手制的陶器，器型不够规整，口部的圆形有的不在一

1　内蒙古文物考古研究所、吉林大学边疆考古研究中心：《内蒙古科左中旗哈民忙哈新石器时代遗址 2011 年的发掘》，《考古》，2012 年第 7 期。

2　赤峰市博物馆、敖汉旗博物馆：《赤峰市敖汉旗七家红山文化遗址发掘报告》，《草原文物》，2015 年第 1 期。

个平面上。红山文化时期，在制陶过程中已经使用了慢轮修整的技术。

　　陶器中有很多平底器，在器底通常会有席纹的印痕，可能是在制作器底的时候，在下部垫以草席之类的铺垫物造成的。陶器的制作方式有的是先做好器底，再制作好器身，然后两者接合起来。对分段制成的器物，在两段进行接合的时候，需要将一部分泥条捏薄一些，然后再将两部分对接起来，整合成一件完整的器物。有些器型较大的陶器，是一次性制成，还是分次成型，目前还没有明确的证据可以证明。

　　陶器制作成型之后，还需要进行修整，有的会在口沿的部位进行慢轮修整，以使器形更加规整，其他的修整方法还有拍打、刮抹、磨光等，在很多陶器的内壁会看到刮抹留下的痕迹。（图5.2）无论是泥质陶还是夹砂陶，在刚制作出来的时候器表都比较粗糙，有的地方可能还留有砂粒脱落留下来的孔洞，有些陶器则由于器壁不够均匀，也会出现破漏的情况，工匠们会采用泥片贴筑的方法进行修补。

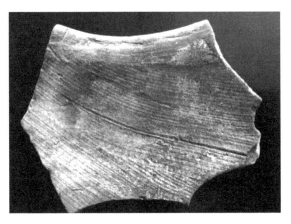

图 5.2 陶器内壁刮抹痕

红山文化陶器的种类丰富，其中尤以筒形器最富于文化特征。筒形器的器型特征为无底、上下均敞口，有的口内收，颈部较短，直腹或略鼓，有的器物颈部饰数道沟槽状纹，有的器身半面绘黑彩宽带纹，有的则饰钩形纹、勾连纹、三角纹等。筒形器均为泥质红陶，多数筒形器制作精致，器壁厚度均匀，烧制火候较高；器表施红陶衣，使表面光滑，且有着鲜亮的红色，再配以黑彩纹饰，显得高贵而庄重。筒形器的制作一般是先用泥条盘筑成筒形，拍抹平整后再进行通体磨光，在颈和腹之间削掉厚约 0.6 厘米的泥，会在中间留下一道凸；器物成形后，会将底部留存的多余泥块去掉，还能看到不同切削方式所形成的沿，直向切割的会残存部分底沿，近底处斜向切割的会在腹底交界处呈弧形。[1] 从筒形器的制作上我们可以领略到红山文化陶器工艺的精湛，当时会根据不同用途对不同器物的细部采取相应的处理方式。

三、纹饰的施加

　　红山文化陶器的纹饰施加方法有压印、刻画、附加堆纹和绘彩几种。压纹是数量最多的一种纹饰，主要装饰于夹砂陶器的表面，在少量泥质陶的外表也有施加压印纹的。压印纹的施加方法是在陶器制作成型后，趁没有干透的时候，用工具连续压印上横向或纵向排列的之字纹。所用的工具可能是长不到 10 厘米的薄木片或者骨片，有时会在边缘刻出锯齿，这样压印出的则为篦点纹。[2] 《（图

　　1　华玉冰：《牛河梁女神庙平台东坡筒形器群遗存发掘简报》，《文物》，1994 年第 5 期。

　　2　《内蒙古巴林左旗富河沟门遗址发掘简报》，《考古》，1964 年第 1 期。

5.3）压印的方法是手持着工具，以工具的两端为支点，如果压印的是横向之字纹，则横向持工具，从器物的口沿下连续向下交互着移动工具，如果压印纵向之字纹，则纵向持工具，以工具的上下两端为支点，绕着陶器横向交互移动。指甲形纹也是压印纹的一种，像用指甲压印上去的，通常施加在带有刻画纹的夹砂陶器的口沿部位，也有的满器施加指甲形纹的。古代工匠会根据器物的不同形状与大小，安排纹饰的纵横与疏密。

图 5.3　富河沟门遗址出土工具

刻画纹的施加方法是使用带齿的工具，在没有干透的陶器表面划出平行的条纹，也有曲线条的条纹，通常成组出现，且装饰于夹砂陶类器物上。有些泥质陶，如器壁较厚的瓮类器物，也有在器表装饰刻画纹的。

附加堆纹多装饰于夹砂陶器的口沿或者腹部靠上的部位，主要作用应是对陶器起到加固的作用，这类纹饰主要和之字纹、指甲形纹等组合使用。

在很多夹砂陶器的器底发现有"席纹"，即编织物的痕迹，是在制作时将器物底部垫放在席子上留下的。从印痕的纹路看，可能使用了不同的编织物，一种是用禾本科的植物叶和茎编织成，另一种是用绳子织成，以前一种为主。

红山文化时期的陶工制作陶器时很细心，会将器物内壁也加以压磨，显得很光滑，罐、瓮类小口容器的内壁都留有刮抹工具的痕迹，还有的会蘸水抹平。[1]西水泉遗址出土的陶器均为手制，泥质陶的数量较多，泥质陶器的表面或素面或磨光，也有少量的彩陶。在瓮、罐一类器物的内壁上常见成组条状的刮削痕迹，有的器表压印纵向排列的篦点之字纹。夹砂陶器的种类和数量都比较少，包括罐、器盖和少量偏口罐，罐的器表压印横向排列的之字纹或划纹，与泥质陶的压印方式与排列方式不同，在夹砂陶罐的底部一般会印有编织物的痕迹。

哈民忙哈遗址的陶器种类有筒形罐、钵、壶和斜口器，器表有的为素面，有的用滚压的方式施加了窝纹，还有拍印的小方格纹，也有刻画的纹饰。窝纹的施加方法是用棒状工具缠绕上质地较粗的麻绳，在半干的陶器表面斜向交错滚压而成，压成的印痕显得细密而规整；由于所用麻绳的粗细不同，形成的印纹大小也有区别。方格纹排列密集规整，而且是斜向分布的，施加方法是用陶拍成组的拍印而成。哈民忙哈遗址的砂质陶在普遍施加纹饰后，会对陶器表面再进行刮抹，使有些纹饰显得模糊不清。[2]

四、彩陶的制作技术

旧石器时代的人们就认识到利用有颜色的石头可以在洞穴内或岩石上绘制图案，对矿石颜料的认知也随之丰富起来。到了新石器时代，制陶术的出现让人们的生活更加便利。

1　《内蒙古巴林左旗富河沟门遗址发掘简报》，《考古》，1964 年第 1 期。

2　内蒙古文物考古研究所、吉林大学边疆考古研究中心：《内蒙古科左中旗哈民忙哈新石器时代遗址 2011 年的发掘》，《考古》，2012 年第 7 期。

彩陶器的制作需要有一定的技术基础，当时的先民们能掌握颜料的制作方法和用法，烧制陶器也要达到一定的温度。在仰韶文化早期遗址的宝鸡北首岭下层出土了彩锭颜料，表明当时人们已经有了对颜料的认识与使用。在裴李冈文化时期已有了横穴式窑，能达到密封且温度较高。当时的陶器经过多次淘洗，能烧制质地细腻的陶器，使器表光滑，可以使颜料流畅地书写。到了新石器时代的中期，随着制陶技术的提高，彩陶的发展进入了繁荣阶段。在公元前5850年的大地湾遗址出土的约二百件陶器中有四十余件彩陶器，都出土于晚段地层的房基和窖穴内。彩陶器形比较简单，有三足或圜底钵，少量深腹圈足碗，钵的口沿外为一圈内凹光面，光面上绘一道红色宽带纹，宽带纹以下至底部有的施加交叉网状绳纹。钵内口缘绘一圈红色细线纹，少数钵口沿内还稀疏分布着短斜线、折线；深腹圈足碗的陶色多为褐色，在口沿外绘一圈红色宽带纹。在一些彩陶钵内还绘有符号。大地湾一期彩陶整体器形少，以宽带纹为主，彩绘的红色较灰暗。[1]

彩陶是红山文化极富特色的一类陶器，陶色鲜艳，纹饰丰富。绘彩的陶器主要都为泥质红陶，纹饰多装饰在钵、瓮、罐等器物的口沿部位，也有的在器身满饰图案。所用颜料有黑、红两种颜色，通常一件器物上只装饰一种颜色。有的泥质陶会在表面施加一层红陶衣，使器表显得光洁亮丽。红山文化彩陶图案的形成多是用颜料直接绘制出所需图案，也有的图案是以黑彩为底，以留白的形式所形成的，如红山文物典型的纹饰——勾连涡纹，应似在空白图案处覆盖，在其他地方涂饰黑彩颜料所形成的。从不同遗

<hr>

1 甘肃省博物馆、秦安县文化馆大地湾发掘小组：《甘肃秦安大地湾新石器时代早期遗存》，《文物》，1981年第4期。

址发现的同样饰有勾连涡纹的图案来看，有的回旋一周（图5.4-1），有的则回旋两周（图5.4-2），空白条带的宽度也不完全相同，而且对转折处的处理方式也略有区别，有的比较圆滑流畅，有的则几成尖角且硬涩。

1   2

图 5.4　勾连涡纹图案

1. 残片（东山嘴遗址）　2. 筒形器（牛河梁第二地点四号冢）

从烧制工艺来看，彩陶器表面会先施加一层红陶衣，红陶衣所用的材料是陶土经淘洗后形成的细泥浆，是含铁量较高的红黏土。绘彩的方法是先对要绘彩的部位进行不同等分的分隔，或者对主体图案先进行定位，再向周围扩展图案，通常是先画轮廓线，再进行填充。彩陶表面所绘黑彩多为含锰赤铁矿，将浓度较低的含锰赤铁矿溶液涂抹在陶器表面，烧成后呈现红色，浓度较高的情况下则呈现黑褐色。同时，将赤铁矿与磁铁矿以不同比例混合，在不同浓度下会有不同的呈色效果。白彩的主要成分为石膏或者方解石。在史前遗址中经常出土研磨盘、研磨杯等工具，与彩陶器的制作有一定的关系。彩陶器的颜料通常以红彩和黑彩为主，位于渭河流域的前仰韶文化的大地湾一期遗存，绝对年代距今约8000—7000年，出土彩陶多为口沿绘一道红色宽带纹的三足或圈足圜底钵和碗。有学者对颜料进行了分析，分析方法为 X 射线衍射仪（XRD）、X 荧光分析仪（XRF）、红外光谱仪。[1] 通过分析，发现大地湾遗址中块状颜料和彩陶颜料所用矿物，红色为赤铁矿、朱砂，黑色有磁铁矿、赤铁矿与磁铁矿混合物、淡斜绿泥石，白色为石英、方解石、白云石等，土黄色为铁白云石。陶器绘彩部位经过了压磨，用卵石或骨器一类的工具，以使颜料与陶器结合更牢固。部分陶器内壁绘制的白色颜料，成分为烧石灰或方解石；当时的人们可能已经发现用石灰石粉末作为白色颜料，陶器烧成后易脱落，于是在沉积岩层中找到了白色的石英岩，质地细腻，较易研细，涂绘于器物表面，会使白色度高、色彩明亮。针对遗址中发现的白、红、黑三色彩陶片进行分析，是先用石英为主体的白色颜料涂底，再用黑、红二色的磁铁矿、赤铁矿粉末绘图案，然后再经磨光；白色颜料为较纯的石英粉末，杂质很少；黑色颜料中含有多量的氧化铁，为氧化铁和四氧化三铁的混合物，以氧化铁为主要显色成分，纯度和细度都很高。彩陶在制作时是在未干陶坯表面绘好图案，再用鹅卵石一类的光滑工具打磨，使颜料牢固地嵌于器表，这种技术逐渐在新石器时代的各文化人群之间传播开来。

对红山文化的彩陶及所用颜料也有学者进行了研究。如对朝阳德辅博物馆收藏的矿物颜料进行了 X 射线衍射分析、显微观察和微区 X 射线荧光光谱分析，用来确定矿物颜料的物相成分、显微结构。[2] 矿物颜料采集于内蒙古赤峰市翁牛特旗海拉苏红山文化

1　马清林、胡之德、李最雄、梁宝鎏：《甘肃秦安大地湾遗址出土彩陶（彩绘陶）颜料以及块状颜料分析研究》。

2　高守雷、张童心：《德辅博物馆馆藏矿物颜料的科技分析》，《吉林师范大学学报（人文社会科学版）》，2020 年 1 月。

遗址附近，表面有研磨痕迹，外观为暗红色和灰褐色两类。赤铁矿的主要成分是氧化铁，有镜铁矿，云母赤铁矿，土块状集合体是赭石，氧化硅和氧化铝是其常见伴生氧化物，呈暗棕红色；磁铁矿主要成分是四氧化三铁，风化后产物较复杂，有氧化铁和氧化亚铁。赤铁矿的化学性质比较稳定，在氧化下烧制色调不会发生明显的变化，会因含不同微量元素导致颜色的轻微变化。磁铁矿颜色多呈铁黑色，不稳定，在氧化气氛中，温度达到 500℃时，四氧化三铁会转化成氧化铁，颜色由黑转红，温度达到 1200℃时，大部分氧化铁又转化成四氧化三铁，颜色由红转黑。新石器时代陶器的烧制温度达不到 1200℃，仅用磁铁矿作为陶器彩绘颜料的，最终呈现红色。红山文化彩陶红彩所用矿物颜料可能为赤铁矿，也可能为磁铁矿。对辽宁朝阳牛河梁遗址出土的两片彩陶残片，两片翁牛特旗敖包山遗址采集两片红彩陶片进行成分检测。从测量结果看，黑彩中含 1%以上的锰，部分样品含锰比铁还高，在红彩区域未检测出锰元素，可见锰元素在黑彩的烧制过程中起到了关键作用。使用 X 衍射仪分析结果显示，黑彩区域的主要显色物相为氧化铁和二氧化锰，红陶衣和红彩区域的显色物相为氧化铁。氧化铁来源于赤铁矿或磁铁矿，二氧化锰为软锰矿的主要成分。可见朝阳牛河梁遗址和翁旗敖包山遗址红山文化彩陶红彩所用颜料主要为赤铁矿或磁铁矿，黑彩是在铁矿中加入了软锰矿等。

五、陶器的烧制

彩陶器的烧制需要密封性较好的陶窑，位于西北地区新石器时代的大地湾一期遗址中没有发现陶窑，此时的陶器陶色不均匀且易破碎，表明当时的烧制技术较为原始，可能是平地堆烧，密封不严造成的。到大地湾仰韶晚期的陶窑发展为较先进的横穴窑，火膛为长方形深坑，前部顶端有 3 条火道向上通往圆形窑室，窑室周边及中间为火道。有的窑室火道为树枝状，使整个窑室内温度均匀。通常火塘在下方，窑室在斜上方，烧制温度能达到 1000℃左右，之后发展为更为先进的竖穴窑，即上部是窑室，下部是火膛。[1]

红山文化时期的陶器是在陶窑中烧制而成的，不同的烧制温度，不同的烧制环境，会使陶器呈现出不同的色泽。有的呈鲜艳的红色，有的呈均匀的橘黄色，而有的则斑驳不纯，如褐色夹杂着黑色，外壁红色、内壁灰色等不同情况。

早期的陶窑为敞顶式窑，窑室和燃烧室为一体，火焰的温度能达到 300℃—500℃，所烧制出的陶器颜色会斑驳不匀，通常是成型的陶器直接放置在窑室的地上，上面覆盖以燃料。在很多遗址中都发现的筒形器是红山文化的典型器类，此器并非实用器，而是专门放在大型积石墓周围作祭祀用的。发现的部分筒形器残片陶质为色泽一致的深红色，质地坚硬，器壁的厚度均匀，有着较高的烧成温度。这类陶器应该不是在敞口的窑室内烧制的，是在密封性较好的陶窑中烧成，才能有较高的窑温。生石灰可以起到助熔剂的作用，因此古人在烧制陶器时会有意识地加入。

在敖汉西台的红山文化遗址中发现两座陶窑。一号窑的窑室口大底小，底部光滑，窑壁经火烧形成硬面，西北壁的中间有一处向内凹的部分，窑室的内壁部分被烧成灰蓝色，窑室长约 2.5 米，仅存深度约 0.15 米。二号窑址的窑室呈牛角形，在西北壁处也有

1　李新燕：《甘肃彩陶制作工艺实验与探索》，《考古与文物》，2005 年第 6 期。

一处向内凹进，四壁和底部经火烧显得异常坚硬，窑室内残存了较多烧制变形的陶片。窑室的深度约 0.35 米。[1]

在敖汉旗的白斯朗营子村发现了红山文化的窑址，位置在老哈河的左侧，窑址建在四棱山的半山腰处，是一个有六座窑址的小窑场，应是一个部落烧制陶器的场所。窑场的面积二百余平方米，南北长 21 米，东西宽 10 米，陶窑的布局为四座集中在中部，一座分布于北侧，一座位于东侧。窑场中间有一片平整的空地，空地的中心位置是一个用石块砌筑的灶；在窑场的前面有三个灰坑，也是窑场的组成部分。从窑场的设置与布局来看，中间的空地是制作陶器的场所，灰坑可以盛放燃料用尽的灰烬和其他废弃物。窑址依山势而建，均为窑室在上、火膛顺山坡而下的布局，六座陶窑的结构均为建在地下的横穴式，其中有三座窑为东西向，火膛朝向西，另三座窑的朝向一致，火膛朝向西北。这样的结构与北方的气候相适应，北方地区的风向多为西北风，火膛的朝向顺势风向，有增加火力的效果，可见古代的工匠已经认识到利用天气与地势提高劳动效率。[2]

六座陶窑从结构上可分为三式。一式，三号窑址，位于窑场的南侧，由窑室、火膛和灰坑三部分组成。窑室平面呈马蹄形，窑室和火膛是在黄土上直接掏制而成，结构简单，窑室中有两个三角形的黄土窑柱，窑壁和窑柱的四周都抹有厚约 1 厘米的草拌泥，还羼杂了砂粒，已经被烧成了砖灰色。窑室长 1.25 米，宽约 1 米，残高 0.3 米，窑柱在窑室内既能起到分火的作用，还可以充当窑箅。窑室和火膛的底部是缓坡形，火膛两端窄中间宽；灰

1　林秀贞、杨虎：《红山文化西台类型的发现与研究》，《考古学集刊第 19 集》。
2　李恭笃、高美璇：《内蒙古敖汉旗四棱山红山文化窑址》。

坑就位于火膛的前端，呈不规则的长方形，长 3.6 米，宽 1.7 米，最深处达 1.2 米，灰坑的壁一面是直上直下的，靠近火膛的一侧为斜坡状，便于工匠向火膛里进行添柴、扒灰等操作。这座陶窑是结构最简单的一座，附近还有一处残损严重的窑址。（图 5.5）

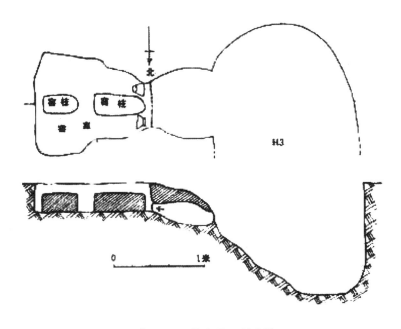

图 5.5　三号窑平、剖面图

　　一号、四号和五号陶窑属于二式窑。一号窑位于窑场的北侧，窑室是一个由石块砌筑的近方形建筑，窑室内用石块砌了四个石柱，窑室的内壁和窑柱的四面都抹了草拌泥；窑室的南、北和西壁上都设有半圆形孔，应是排烟的通道；火膛掏成上下带一定弧度的土洞，火焰顺着斜坡形火道可以直达窑室。窑室的长、宽均接近 1.5 米，残高 0.45 米，火膛长约 1.2 米。窑室前面的灰坑同样为直壁，靠近窑室的一侧为斜坡状，灰坑的口径 1.2 米，深 1.25

米。（图5.6）

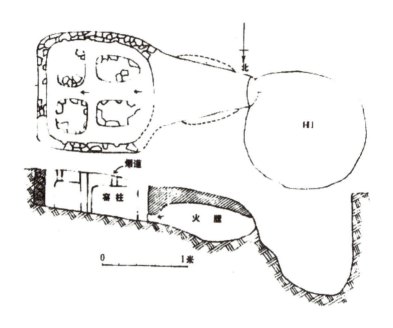

图 5.6 一号窑平、剖面图

二号和六号窑为三式窑。六号窑南北长 2.6 米，东西宽 1
米，可以分为前后两部分，前部是火膛，后部是长方形的窑室，
两部分中间有一道隔墙，火焰从斜坡状的火膛通过隔墙再进入
窑室；窑室内对称分布着八个窑柱，窑柱的平面有的为三角形，
有的为长方形，在窑壁和窑柱的周围都用厚约 1 厘米的草拌泥
抹平；窑室的前面设了东西向两个火膛，形状为两端窄、中间
宽的椭圆形，是直接在黄土上掏制而成，最宽处约 0.8 米，深 0.4
米。（图5.7）

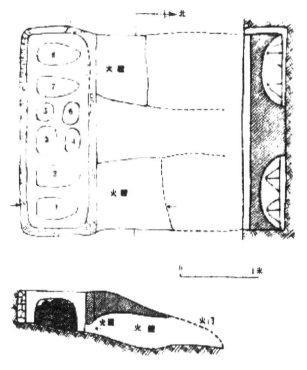

图 5.7　六号窑平、剖面图

与一式窑相比，二式窑的面积有所增大，在结构上有了明显的改进，以石块砌筑窑柱和四壁，并且在窑壁上增设了排烟的通道。三式窑则是在前两种窑的基础上加以扩大，是较先进的连室窑，与单室窑相比，由于面积扩大，所烧陶器的数量大大增加，同时两个火膛还能集中火力以提高烧制温度，使所烧陶器的硬度更高、质量更好。

在四号窑室的火膛中清理出了一些木炭，经鉴定是柞木，应是当时用作燃料的树种。

六、小结

红山文化时期有着独特的陶器群，既有夹砂陶也有泥质陶。制作陶器的技术相比之前有了明显的改进，陶器的火候普遍提高，使陶质变得坚硬，陶胎也较薄，基本不见兴隆洼文化时期那种厚壁厚底的陶器。

红山文化时期的制陶业已经不是西辽河流域最初发生的阶段，早在兴隆洼文化和赵宝沟文化时期已经发现了大量的陶器种类，并且已经普遍施用压印纹等方式来使陶胎更加坚固。同时在制作炊器时会有意在陶土中加进砂粒，证明当时已经懂得通过羼合料来改变陶土的性能。在这个时期的一些筒形罐上能见到有对钻的缀合孔，说明当时的人们已经掌握了陶器修补术，也反映陶器是一种较为贵重的物品。在一些陶器上还能发现采用泥片包模贴筑的陶器成型技术，显示出与黄河流域广大地区同时期的文化之间有着共同的方面，但是还存在着一些原始性。如红山文化时期的陶器一般采用压印或刻画的方式起到加固器壁的作用，黄河流域的陶器已经广泛使用拍打、压磨等办法来达到这一目的。同时，黄河流域的陶器胎壁比西辽河地区的要薄，也与加固方式有一定关系。

进入了红山文化时期，从陶器制作工艺上体现的当地的文化已经进入了快速发展阶段，在本地制陶术的基础上，广泛吸收其他地区先进的制陶经验，同时也继续保留了本文化一些传统的器型与纹饰，使区域文化的连续性在红山文化时期体现得尤为明显。

第六章　陶器的传承、发展与交流

河流是人类文明起源不可或缺的条件，他们凝聚了历史，经历了沧桑，成为一个民族、一个国家的情感、信念、信仰的精神象征和历史记忆。"一方水土养一方人"，河流的作用不仅仅体现在物质文化方面，所谓"同饮一江水"，生活在同一河流流域的人们，渐渐地也形成了相近的生活方式，合作生产方式以及共同的精神文化要素。

2018 年 5 月"中华文明探源工程"公布了初步结论：距今5800 年前后，黄河、长江中下游以及西辽河等区域出现了文明起源迹象。距今 5300 年以前，中华大地各地区陆续进入了文明阶段。多元一体、兼容并蓄、绵延不断的中华文明，背后是各个文明起源地，在各自环境、经济、政治、宗教等社会意识方面的多元一体。各地区在长期交流互动中相互促进、取长补短、兼收并蓄，最终融汇为以二里头文化为代表的文明核心，开启了夏商周三代文明。西辽河流域文明与长江黄河区域文明同是中华文明多元一体格局中不可或缺的一元。

红山文化遗址位于内蒙古中南部和辽宁西部地区，新石器时代西辽河流域周边分布着很多各具特色、发展水平高低不同的文化。在距今五六千年前，玉器与彩陶遍布中华大地，是史前时期两种重要的文化因素，西部以陶器为主，东部以玉器为主。在诸多的史前文化中唯有红山文化的彩陶与玉器都有大量的考古遗存出土，两种文化因素在当时人们的生活中都有着重要的地位。

人文地理的差异造就了不同的文化，文化的交流互动同时促进着文明的发展。首先，发生密切交流的文化圈一般是在地理位置上距离较近的地区。苏秉琦先生曾提出过中国文化两个重要区系，一个是渭河流域的仰韶文化，一个是大凌河流域的红山文化，两种源流不同的文化在桑干河上游流域对接，在距今5000年左右的大凌河上游流域，形成了花与龙的结合，中华文明在距今5000年时开始形成的文化共识的实证，迸发出文明的火花。[1]严文明先生提出过中国古代文化三系统说：以中原为核心的华北系统，又称鬲文化系统，其居民以小米为食，自称华夏；以长江中下游为主的东南系统，又称鼎文化系统，其居民大部分以稻米为食；以辽河流域为中心的东北系统，又称罐文化系统。此系统除中心地区辽河流域有较发达的旱作农业外，其余地区农业发生较晚，在经济生活中所占比重较小。[2]东北地区的罐文化系统与中原的鼎鬲文化系统之间很早就有密切的关系。

我国的陶器制作历史非常悠久，可以追溯到新石器时代早期，陶器的发明是人类社会发展到一定阶段的产物，是人类智慧的结晶。因日常生活所需对耐火炊煮器和盛储容器的需求，通过长期的劳动实践，逐渐对黏土的性能有了一定的了解和认识，利用化学变化改变了一种物质结构，创造了改善人们生活的陶器。恩格斯谈到"可

1　苏秉琦：《华人·龙的传人·中国人》，《中国建设》，1987年第9期。

2　严文明：《中国古代文化三系统说（提要）——兼论赤峰地区在中国古代文化发展中的地位》，载《草原文化研究·资料选编》第二辑，内蒙古教育出版社，2003年，448-449页。

以证明，在许多地方，也许是在一切地方，陶器的制造都是由于在编制或木制容器上涂上豁土使之能够耐火而产生的。"[1] 也许世界各地陶器制作灵感的获得和技术发明的具体途径不尽相同，各地可能有不同的起源历程。从考古发现来看陶器是红山文化的典型器物，在红山文化诸多的遗址中，地层堆积清晰的遗址较少，出土的陶器较丰富，从而对陶器的分析研究成为探讨西辽河地区的文化特征、文化源流和文化交流的重要因素。作为文化实物载体的陶器，呈现了红山先民所处时代的审美水平，工艺水平以及文化特征。

众多学者以陶器为基础对红山文化的分期做出过诸多探讨，赵宾福、薛振华以陶器为视角的红山文化发展阶段研究通过陶器之间的共存关系和形态比较分析，典型陶器形式比较与发展阶段的划分，将红山文化陶器分为早中晚三期，分别与半坡文化、后冈一期文化、庙底沟文化的陶器比较。[2] 张星德通过陶器特征分析了红山文化在文化互动中至少面临着三个方面的压力，属于同一谱系的后冈一期文化，来自属于黄河中游文化圈的庙底沟文化先进因素的强烈攻势，一度被自己驱赶到西拉木伦河以北的辽西土著居民及其文化的回流等等。因此，红山文化早期以来已经形成的稳定格局遂面临打破。[3] 刘国祥通过对红山文化的深入研究，将红山文化遗址中出土的 17 种陶器进行了分类分型的论述，将红山文化陶器分为两类，日常生活用器与祭祀用器，特殊的制陶技术和施纹工艺佐证了红山文化高

1　恩格斯：《家庭、私有制和国家的起源》，人民出版社，1999 年，22 页。

2　赵宾服、薛振华：《以陶器为视角的红山文化发展阶段研究》，《考古学报》，2012 年第 1 期。

3　张星德：《陶器视角下的多谱系文化角逐与红山文明的形成》，《辽宁大学学报（哲学社会科学版）》，2015 年第 1 期。

度发达的祭祀礼仪制度。[1]

一、红山文化陶器的源头

出土的红山文化遗物遗存中，陶器不但种类丰富，数量也较多，器类主要包括筒形罐、钵、碗、斜口器、瓮、壶、盆、盘、杯、盅等，出土位置多在房址、灰坑以及壕沟中，用于日常生活中的炊煮、盛储之用。另一类陶器以牛河梁遗址的出土物为代表，主要器类有罍、无底筒形、无底钵形器、塔形器等，多为祭祀用品。红山文化制陶工艺水平相较于兴隆洼文化、赵宝沟文化等辽西地区更早的新石器时代考古学文化有了明显的提高。

1. 兴隆洼文化时期的陶器

兴隆洼文化从地层关系、类型学，以及年代学的角度均证明其年代早于红山文化，并且成为红山文化的源头。兴隆洼文化的年代距今约为 8200—7200 年，处于新石器时代早期。兴隆洼文化的居民主要生活在西辽河流域，这里有着丰富的动物和果实资源，人们以狩猎、捕鱼、采集为主要谋生手段。兴隆洼文化时期的陶器主要为夹砂陶，胎较厚，质地疏松，烧制火候不高，器表颜色不均，器形较单一，以大口、斜腹或直腹以及束颈为主要特征，弧腹罐类占绝大多数，钵、碗、杯、盅类数量很少，有些小型器物系用手直接捏制而成。陶器的器表多施加纹饰，以图案丰富的压印纹为主，呈横向分段排列。[2] 根据年代的不同，可以将兴隆洼

1　刘国祥：《红山文化研究》，中国社科院，2015 年。

2　杨虎：《内蒙古敖汉旗兴隆洼聚落遗址 1992 年发掘简报》，《考古》，1997年第 1 期。

文化陶器分为早中晚三期，如下表（表6.1）。

表6.1

期别	典型器物	陶质	陶色	器形	纹饰
一期		多为夹砂陶，胎较厚。	外壁多呈灰褐或黄褐色，内壁多为黑灰色。	以罐为主，口呈喇叭状，方唇，斜腹或内弧腹，平底或微凹底。	器表大多满施纹饰，皆为分段式，唇下压印凹弦纹带，下周为细泥条附加堆纹（波浪式、平行短泥条），主体大多是短斜线交叉纹，也有少量不规整横人字纹、长窝纹。
二期		均为夹砂陶，砂粒有粗细之别，多数胎厚，质地疏松。	器外壁多呈灰褐色或黄褐色，局部呈红褐色，内壁多呈黑灰色。	以罐为主，其次有钵、杯等。皆为外叠唇，显厚重，有斜腹、直腹、束颈弧腹之分，平底或微凹底。	口部施凹弦纹带，下施一周凸泥带，其上施短斜线交叉纹、平行短斜线纹，折线纹、网格纹，指甲压印窝纹，主体纹饰仍以短斜线交叉纹为主，新出现之字纹、席状几何纹、网格纹、折线纹等。

		均为夹砂陶，夹细砂者增多，胎质变薄，质地较硬。	器外以灰褐、黄褐色为主，内壁多呈黑灰色。	以罐为主，其次有钵、碗、盅等。外叠唇变薄，多直腹、斜腹或微弧腹，平底或微凹底。	器表满施纹饰，以压印纹为主，分段排列。口部施压印凹弦纹带，下一周凸泥带，较二期窄且薄，带上多施一周三点式篦纹。主体纹饰以短斜线交叉纹为主，有带状网格纹、横人字纹等。
二期	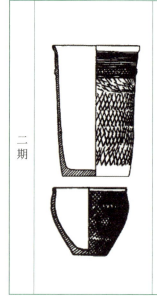				

　　兴隆洼文化陶器均为手制，采用泥圈套接法，壁底的接法均为在器壁下端外缘套接器底再捏合而成，呈四周凸、中间凹的微凹底。[1]根据房址的年代，二期时陶器形制发生了变化，器形更加多样，纹饰相近，纹样增多，更加美观。三期的陶器以夹细砂为主，陶胎变薄，制陶工艺有了明显的进步，纹饰更加规整有序。

　　陶器作为日常生活用器，在兴隆洼文化时期的器类以筒形罐、钵为主，也有少量杯、盅等。陶器颈部通常施凹弦纹带，肩部在早期多施以各类细泥条附加堆纹，中、晚期流行的装饰风格是在肩部附加一周凸泥带，凸泥带渐变窄薄，带上施以网格、折线等各类纹饰。腹部施以主体纹饰，早期以短斜线交叉纹为主，中期仍以短斜线交叉纹为主，新出现了之字纹、席纹、横带状网格纹等，

1　杨虎：《内蒙古敖汉旗兴隆洼聚落遗址 1992 年发掘简报》，《考古》，1997 年第 1 期。

晚期之字纹占据主流。

目前发现年代最早的之字纹陶器，就发现于兴隆洼文化和查海文化遗址中。兴隆洼文化先民较早开始使用之字纹，此后在东北亚地区广泛传播，出现了以之字纹筒形陶器为主的东北新石器时代文化陶器系统。红山文化的之字纹筒形陶器，其源头可明确追溯至兴隆洼文化中期。到了红山文化晚期，无底筒形器出土数量渐多，且考古发掘中筒形器的出土位置和摆放方式有着固定的规律，可以看出陶器的使用功能发生了显著的变化，除了有日常生活用具的功能外，还出现了祭祀专属陶器。

在红山文化时期，作为祭祀功用的陶器，以无底筒形器、无底钵形器和塔形器最具代表性。无底筒形器在由早至晚的不同阶段形制上出现一些变化，在牛河梁下层积石冢阶段，在墓葬周围呈圆圈状排列，至牛河梁上层积石冢阶段，多成行排列在积石冢界墙内侧，施彩的一面统一朝外侧。从陶器的纹饰上可以看到红山文化与兴隆洼文化两者之间的一些联系，红山文化晚期无底筒形器的颈部普遍压印或压划凹弦纹带，装饰风格与兴隆洼文化时期筒形罐的风格相似。此外红山文化中塔形器的造型和施纹工艺技术水平较高，塔形器上身戳压排列规整的窝点纹，在红山文化陶器装饰风格中少见，与兴隆洼文化早期的陶器纹饰相似。可以说，在一些纹饰和器形上红山文化的陶器继承了兴隆洼文化时期的陶器风格。

2. 赵宝沟文化时期的陶器

继兴隆洼文化之后，在西辽河流域占据主体地位的文化为赵宝沟文化，赵宝沟文化的年代范围大约为距今 7500—6500 年，是对后来红山文化发展产生深远影响的一支远古文化。赵宝沟文化相关遗址的发掘填补了这一地区此阶段考古学文化的空白。索秀芬和李少兵2012年发表《赵宝沟文化类型》一文，将燕山南北的赵宝沟文化分为三个类型，即：水泉类型、小山类型和西寨类型。已发现的赵宝沟文化遗址很多，现就调查和发掘材料较详实的遗址中的典型陶器遗存进行概述，如下表（表6.2）。

表 6.2

地点	典型器物	陶质	陶色	器形	纹饰
赵宝沟遗址[1]		夹砂和夹细沙，分别约占总数的68.02%和31.9%，泥质彩陶片约占0.08%	以夹砂黄褐色陶和夹细砂黑色陶为主，分别占总数的43.15%和25.04%	筒形罐，鼓腹罐，尊形器，钵，碗等	几何纹，之字纹，指甲窝纹，压划形纹，刷划纹，篦点纹，动物形纹

---

1 中国社会科学院考古研究所：《敖汉赵宝沟—新石器时代聚落》，中国大百科全书出版社，1997年。

| 小山
遗址[1] | | 夹砂陶器 | 以夹砂褐陶为主，几乎全部施满纹饰，偶见细砂红褐陶，泥质陶甚少，仅见"红顶钵"之类。 | 筒形罐，盂，钵，碗，盘，尊形器，杯等 | 几何纹，之字纹，动物纹饰，不规则横条纹，刮条纹，戳文，泥钉纹，一件器物多仅施一种纹饰。 |

---

1 杨虎，朱延平：《内蒙古敖汉旗小山遗址》，考古，1987 年第 6 期。

		均为夹砂陶，以粗砂陶为主，细砂陶数量较少。	大部分陶器火候不高，器表陶色通常色泽不一，颜色不纯正，多呈褐色，以黄褐色为主，也有部分为黑褐色、红褐色、黑色等。	以平底器为主，少见圈足器。陶器类型简单，有筒形罐、斜口器、碗、钵、杯和器盖等。	大部分陶器器表施纹饰，个别陶器为素面。纹饰采用压印和戳印两种制法，以压印为主。纹饰种类有线形之字纹、方格形之字纹、齿状之字纹、柳叶形几何纹、三角形几何纹、凹弦纹、编织纹、圆形戳印纹、长方形戳印纹、指甲形戳印纹等。
水泉遗址					
白音长汗遗址		陶器以夹砂陶为主，只有少量泥质陶。	陶色多不纯正，往往一件器物呈不同色调，一般夹砂陶呈黄褐色或黑褐色，泥质陶呈灰色或黑灰色。	器形以平底器为主，有少量圈足器。器类有筒形罐、碗、钵、杯、盏等。大多数陶器器壁较薄，且厚薄均匀。	除有少量素面陶外，纹饰以压印直线组成的几何纹和横压竖排之字纹最常见。之字纹排列密集。

从考古出土的陶器上看，赵宝沟文化时期陶器的制作工艺技术水平较兴隆洼文化而言有了显著提高。首先体现在陶器的种类

上，器物种类明显增多，出现了一些新的陶器器形。其次在纹饰的风格特征上有了明显的变化，纹样变得繁缛，同时反映了制作陶器技法的娴熟。赵宝沟文化时期**陶器**的特点，多以加砂陶质为主，少见泥质陶，陶器颜色以褐色为主，有较少的黑色陶，器壁较薄。陶器均为手制，烧制火候不高，**陶色**不均匀。这一时期比较有代表性的陶器有三种，一是区域代表性的筒形罐，二是椭圆体罐，三是极具赵宝沟文化特色的尊形器，其他的典型器物有圈足鼓腹罐、平底钵、圈足钵、斜口器等。赵宝沟文化陶器的器形简单不烦琐，器物表面多经压模修整，部分器物带有假圈足，浅凹底和较小圈足，除此之外还有少量平底器。

赵宝沟文化陶器的装饰以花纹装饰为多，素面陶器占比较少。纹样种类主要分为之字纹、几何形纹、动物纹三大类。其中几何纹占比大且纹饰多变，大体分为折线回字形纹饰和连续折线图案。动物纹虽较少见，但却是赵宝沟文化的又一个重要特征。多数陶器的纹饰仅饰一种纹样，带有多纹样的陶器上，纹样占比多有规律可循，主体纹饰占比大，其余纹饰多为填补器物表面空白的作用，这种主纹加底纹的装饰风格在青铜时代后成为青铜器纹样的主要特征。

在赵宝沟文化遗址出土的陶器中，尊形器是典型陶器之一，赵宝沟文化小山遗址的陶尊[1]被誉为"中华第一艺术神器"，郭大顺先生曾对其纹饰进行了分析，认为该鸟兽图是一幅迄今为止最早的透视画，是"中国画坛之祖"。陶尊的质地为泥质，器物表面打磨得漆黑光亮，看似如黑陶，陶器的结构可以分上、中、下三段，上部是相对高的颈部，中部是类似钵的敛口部分作为尊的

---

1 杨虎、朱延平：《内蒙古敖汉旗小山遗址》，《考古》，1987年第6期。

鼓肩，下部为圆腹，底部内收，三个部分既富于变化，又浑然一体，显示了古人对器物造型整体把握的水平高超。器物上的动物纹构图更为巧妙，其纹饰精致，线条描绘流畅，艺术价值极高。纹饰的主体是三个动物的侧视图像，分别是鹿、猪、鸟。动物轮廓内多以两格纹为充填，突出表现了三只动物的头部形象，大体位置是鹿、猪居于器腹部一侧，鸟的图案在相对的另一侧。尊形器腹部刻画的猪形象，头部突出了猪的獠牙，身体呈 S 形蜷曲，充满灵动性，是辽西地区发现的已知年代最早的猪首龙的形象。[1] 此种器物应为祭祀活动所使用的礼器，同时也向后人们传递了一些当时的社会信息，反映了西拉木伦河以南地区主要占据者的生活状态，也反映了红山文化与赵宝沟文化之间的某种连接性，以及他们与邻近的先民集团之间的互相交流情况。[2]

　　兴隆洼文化和赵宝沟文化中具有代表性的之字纹筒形罐被红山文化的先民们直接承继，但赵宝沟文化极富特色的几何纹和动物纹在红山文化的陶器中则未见，但是红山文化玉器的造型，似乎是受到了赵宝沟文化的影响，出现了大量动物的形象，如玉猪龙、玉凤、玉鸮、玉鸟等。红山文化玉猪龙与赵宝沟文化小山遗址尊形器腹部刻画的猪首龙的形态具有一脉相承的发展关系。[3] 崇龙的礼俗，在辽河流域一脉相承，如果将辽西地区崇龙礼俗的形成进行阶段划分的话，第一个阶段是在兴隆洼文化时期的孕育期，第二个阶段是赵宝沟文化时期的崇龙礼俗形成期，第三个阶段则是红山文化晚期的发展成熟期。至此，生活于西辽河流域的人们

1　刘国祥：《红山文化研究》，中国社科院，2015 年。

2　朱延平：《小山尊形器"鸟兽图"试析》，《考古》，1990 年第 4 期。

3　刘国祥：《红山文化研究》，中国社科院，2015 年。

形成了共同信仰，随之也即将迈入文明社会时期的门槛。

赵宝沟文化遗址中出土了斜口陶器，此种器型在东北地区的新乐下层文化中也有出现，此类器物自公元前 5000 年开始出现，至公元前 3000 年消失。斜口陶器"是脱胎于大型筒形罐而制成的"将筒形罐腹部斜着切去一部分即是斜口器的雏形"[1]，筒形罐应为其最初造型的来源。红山文化出土的斜口陶器与赵宝沟文化同类器相比存在一定差异，但同属对筒形器的斜削式，并非是在其他文化因素的影响下产生的，是红山文化继承了赵宝沟文化斜口陶器典型形态特征，并在其基础上形成了新的款型。

3. 小河沿文化时期的陶器

辽西地区继红山文化之后的史前考古学文化是小河沿文化，年代约为距今 5000—4000 年。从出土遗物的特征看，小河沿文化与红山文化具有一定的文化传承关系。小河沿文化的陶器为夹砂灰陶、红陶、褐陶和泥质灰陶、黑陶、红陶等，以夹砂灰陶和泥质灰陶为主。陶器的种类主要有筒形罐、双耳壶、折腹盆、折肩盆、钵、尊形器、器座、异形壶、盘、斗形器等。纹饰有绳纹、交错绳纹、附加堆纹、刻画纹、平行直线纹、乳钉纹等。彩陶以黑彩为主，还有少量的红、黄彩陶。小河沿文化与周邻诸考古学文化的互动关系是很频繁的，主要体现在与庙子沟文化、午方遗存和大汶口文化的关系上。[2] 小河沿文化的陶器，仍然具有地区考古学文化特色的筒形罐，渊源追溯到红山文化，赵宝沟文化。小河沿文化对于当地早期文化的传承，自身创新以及对外交流的包容性，

1　陈国庆：《辽西地区新石器时代考古文化的形成与发展——兼论与周邻地区考古文化的互动关系》，吉林大学博士学位论文，2006 年。

2　陈国庆：《浅析小河沿文化与其他考古学文化的互动》，《边疆考古研究》，2009 年第 12 期。

构成了它具有开放性的文化特征。值得注意的是，一直在辽西地区保留很久的之字纹元素的陶器在小河沿文化中未有发现，而新传入的绳纹技术则大量出现在筒形罐上，这一时期应为辽西地区史前文化面貌发生重大转折的阶段。彩陶器的外壁下部多施朱绘，少数通体涂朱，与夏家店下层文化时期彩绘陶器有着直接的传承关系。

小河沿文化在发展过程中与周边地区的文化互动交流一直存在，以陶器为视角，庙底沟文化的陶器普遍施有绳纹，小河沿文化的陶器以绳纹为主。但小河沿文化的筒形罐、钵等器物形态，与红山文化同类陶器的造型相近，有明显的传承关系。最重要的是具有本地区指征性的筒形罐一直流传下来，只不过是形态和纹饰有所变化。

二、红山文化与相邻地区考古学文化的交流

辽河流域有着上万年的文明史，从考古学文化的角度看，辽西地区一直是一个相对独立的文化单元。从兴隆洼文化、赵宝沟文化、红山文化、小河沿文化直至夏家店下层文化，这一地区一直持续保持着文化的连续性与传承性。持续连贯的文化都以西拉木伦河、老哈河、大小凌河流域为中心，各文化与其周边的文化之间均发生过程度不同、形式不同的交流与互动。辽西地区位于北方游牧区、东北渔猎区与中原农耕区的交汇地带，新石器时代开始，这里有来自不同方向的文化和人流，在这里碰撞与融合，文化上的交互使得该地区呈现错综复杂的文化面貌。同时辽西地区也是东北文化区面向中原文化区的前沿，《竹书纪年》记载，

舜帝时"息慎氏来朝，贡弓矢"。从文献记载中可以看出在夏之前，辽西地区就是中原人主要的迁徙地，同时也是东北地区与中原地区的陆地通道。红山文化时期，在其周边存在着诸多的考古学文化，如仰韶文化、新乐文化、后冈文化等，各地区文化通过人群的迁徙交流，相互产生着影响，实现了不同文化之间的交流与互动。

1. 红山文化与黄河流域考古学文化的关系

红山文化与周边文化关系错综复杂，各文化之间在交流中融合发展，陶器作为出土数量较多的器物，从侧面可以反映出各文化特征以及文化交流的渠道，从兴隆洼文化和赵宝沟文化时期开始，辽河流域与其周边的文化交流即已存在。在小河西文化、兴隆洼文化、富河文化和赵宝沟文化中均未发现彩陶，红山文化彩陶的出现应是受周围文化因素影响而形成的。从目前的考古发现看，距今 8000 年左右的秦安大地湾文化出土的彩陶，是我国北方地区已知最早的彩陶，具有广泛的代表性。

仰韶文化时期，是中原地区陶器制作工艺快速发展的时期，各地普遍发现有仰韶文化特征的遗存，形成了独特的文化风格。仰韶文化的陶器以红陶为主，伴有少量棕陶、灰陶和白陶。制法以手制为主，器类多为炊具和饮食器皿，有圆底钵、平底碗、小口尖底瓶、卷沿曲腹盆、细颈壶、夹砂深腹罐、瓮、釜、灶等，器表纹饰为刻画纹、锥刺纹、绳纹、布纹和编织纹等。仰韶文化时期的彩陶造型精美，主要以红黑两色绘制图案，题材为鱼纹、人面纹、动物纹、植物纹、几何纹和天象纹等。仰韶文化中期中原彩陶以强劲的势头向外传播，除了西辽河流域的红山文化分布区，大汶口文化的早期彩陶也受到了影响，甘肃地区马家窑文化初期的彩陶也与仰韶文化区域里的陶器相似。这一时期的仰韶文化陶器除了作为日常生活用品外，也大量作为祭祀礼器而存在。

红山文化早期，与来自中原的后岗一期文化存在着一定程度的交流关系。后岗一期文化的交流路线可能沿太行山北上，经张家口，向东北传入了西辽河地区，此时稍晚阶段红山文化的彩陶开始出现。仰韶文化的庙底沟类型也逐步北上，对红山文化产生了影响，制陶技术也随之传入西辽河流域。红山文化中期，彩陶纹样增多，苏秉琦先生指出，距今约6000至5000年间，仰韶文化中以玫瑰花图案为主要特征的庙底沟类型北上，与以龙形图案的彩陶和之字形压印纹筒形罐为主要特征的红山文化在晋冀北部的桑干河流域相遇，在辽西大凌河流域重合，产生了以龙纹与花结合的图案彩陶为主要特征的新的文化群体。红山文化坛、庙、冢乃是它们相遇后迸发的"火花"所导致的社会文化飞跃发展的迹象。至晚期阶段，彩陶的使用范围发生变化。在专属祭祀用陶器上装饰彩陶纹样，数量之多、纹样之精美、使用之规范，使得红山文化彩陶在中国新石器时代彩陶发展进程中占据着重要的地位。

从彩陶器的传承与发展序列看，可以找到红山文化对之前文化的传承、创新与发展。红山文化典型的彩陶纹饰：平行线纹、单勾纹、双勾纹、勾连纹、垂弧纹、菱形格纹等，在兴隆洼文化和赵宝沟文化的陶器纹饰中都可以找到根源。朱延平先生认为："红山文化彩陶纹饰的主要部分都可在此前本地土著文化的陶器纹饰中找到根源，而异地文化的影响在彩陶中所占比例甚微，说明红山文化彩陶的主体因素应是从'前红山文化'固有的文化传统中发展而来的"。形成了红山文化的文明要素。

继仰韶文化之后的龙山文化时期，陶器的制作技术进一步发展，出现了模制法，轮制技术。龙山文化中晚期的陶器主要以轮制为主，形制规整，陶器器壁厚薄均匀。龙山文化以灰陶为主，有少量的黑陶。彩陶消失不见，彩绘陶仍有发现。红山文化也在这个时期被小河沿文化所代替，西辽河流域的文化面貌也随之呈现出了一个崭新的面貌。

2. 红山文化时期欧亚文化的交流互动

辽西地区地处农牧交错带，地缘上的特殊性使红山文化具有了丰富多彩有文化面貌。20 世纪 70 年代，赤峰市阿鲁科尔沁旗境内的红山文化遗址发现了一件大型细泥红陶彩绘平底筒形罐，这一件具有辽河流域特点的筒形罐器物，其纹饰分为三段，上面的菱形几何纹，中部的鳞纹以及下部的勾连花卉纹，三部分组成。几何纹饰来源于中亚一带，龙鳞纹是本土发展衍生的纹饰，花瓣纹饰是黄河流域仰韶文化的代表性纹饰，苏秉琦认为，这是 5000年前亚洲东西和中国南北几种生命力旺盛的古文化在辽西地区交流汇注的典型例证，意味着五六千年前的辽西一带曾是西亚和东亚文化的交汇地带和熔炉。

陶器见证了史前草原的交流与互动，在兴隆洼文化、赵宝沟文化和红山文化中常见的筒形罐，不仅普遍存在于中国的东北三省和内蒙古东南部地区，在北方长城沿线的内蒙古中南部王墓山坡下类型和海生不浪文化遗存都有出现。不仅如此，在俄罗斯米努辛斯克盆地、新西伯利亚、托姆斯克、阿尔泰等地 4000 年前后的早期青铜时代遗存中也有发现。

三、红山文化的历史价值

从兴隆洼文化开始，到夏家店下层文化时期，燕北西辽河流域的考古学文化在整个东亚地区处于领先地位，除了自然环境适宜，这里还拥有着独特的地理位置，吸纳着周边的文化，同时也向周围传播着自身的文化，在这样具有开放性的发展中，创造了一个又一个辉煌的文化。以陶器为视角，探讨红山文化时期陶器的传承、发展与交流，可以看出，红山文化时期与周围文化的互动进入了一个新的阶段，主体形式是在继承兴隆洼文化中的文化因素，同时受赵宝沟文化的影响，进行了在陶器上的延续与传承。通过与黄河流域地区的交流融合，掌握了制作彩陶的技术，根据传承下来的陶器纹饰发展了具有红山文化特色的彩陶。在文化的发展过程中，不断受到发达的黄河流域文化的影响，吸收了黄河流域彩陶的纹饰，并与当地文化结合，丰富了纹饰的多样性。红山文化时期的陶器展现了地域上文化的传续，交流中文化的创新与发展，佐证了中华五千年文明的辉煌发展历程。

结　语

　　用"人间巧艺夺天工"来形容红山陶器，可以说是非常恰当的了，从最初唱响中国考古学序章的沙锅屯，到举世震惊的牛河梁，谁能想到远古的红山先民，可以有如此伟大的成就，一件件精美陶器的现世，也让世人知道，在距今五千余年前的中国辽西地区，有这么一群人，他们能够烧制出饰有精美纹饰的陶器，还可以琢磨出无与伦比的玉器，更是建造出了富丽堂皇的庙宇。

　　习近平总书记说过："100 年来，几代考古人筚路蓝缕、不懈努力，取得一系列重大的考古发现，展现了中华文明的起源、发展脉络、灿烂成就和对世界文明的重大贡献，为更好地认识源远流长、博大精深的中华文明发挥了重要作用。"从 1921 年开始，无数的考古学家在辽西地区"上穷碧落下黄泉，动手动脚找东西"，为的就是可以探索未知，揭示本源。新时代考古人秉承着努力建设中国特色、中国风格、中国气派的考古学目标，继往开来，继续深耕，努力展示中华文明风采，弘扬中华优秀传统文化，为实现中华民族伟大复兴的中国梦做出更大贡献！

后　记

　　《陶艺之光》是对红山文化时期陶器的种类、形状、内涵等方面进行系统研究的一本专著。本书通过介绍红山文化陶器的发现过程、种类，对陶器的纹饰和彩陶进行深入细致的解读，并通过考古发现情况分析当时的陶器制作技术。同时，结合不同时期的陶器，让大家了解红山文化陶器的来源与传承。红山文化也印证辽西地区的文化发展历程和古代先民的交流与融合情况。

　　本书各章节写作分工如下：

　　第一章　陶器初现由陈敏撰写；

　　第二章　陶器种类由蔺琼撰写；

　　第三章　陶器纹饰由乌兰撰写；

　　第四章　炫彩陶、第五章　陶器工艺由李明华撰写；

　　第六章　陶器的传承、发展与交流由张倩撰写。